PHILOSOPHISCHE PERSPEKTIVEN

Jochen Kirchhoff

Die Wirklichkeit von Licht & Zeit

Essays

edition *dionysos*

Bibliografische Information der Deutschen Nationalbibliothek: Die Deutsche Nationalbibliothek verzeichnet diese Publikation in der Deutschen Nationalbibliografie; detaillierte bibliografische Daten sind im Internet über http://dnb.dnb.de abrufbar.

Autor: Jochen Kirchhoff
Layout & Satz: Wolfram Bahmann, Uli Fischer
Verlag: BoD · Books on Demand GmbH, Überseering 33,
                  22297 Hamburg, bod@bod.de
Druck: Libri Plureos GmbH, Friedensallee 273,
                  22763 Hamburg
ISBN: 978-3-8192-2965-7

PHILOSOPHISCHE PERSPEKTIVEN

Jochen Kirchhoff

Die Wirklichkeit
von
Licht & Zeit

Inhalt

Begleitwort

Die hier versammelten Essays fassen in zwei Bänden („Die Wirklichkeit von Licht & Zeit" / „Unendlicher lebendiger Raum") die editorische Zusammenarbeit von Jochen Kirchhoff mit der Zeitschrift raum&zeit zusammen, die 1999 begann. Der damalige Herausgeber Hans-Joachim Ehlers wurde schnell zu einem Fan der kosmologischen und anthropologischen Neudeutungen, die durch die Wissenschaftskritik und die fundierte Naturphilosophie Kirchhoffs hervorgerufen wurden. Diese kamen der Grundintention der Zeitschrift, neue Ansätze einer ganzheitlich orientierten Wissenskultur zu fördern, sehr entgegen.

Und so kam es in langjähriger Begleitung durch die Redakteurin Angelika Fischer zu einer Vielzahl von essayistischen Äußerungen zu den zentralen Themen der transzendentalen Naturphilosophie in diesem Rahmen.

Der vorliegende Band konzentriert sich auf die Themen von Licht, Zeit und Erkenntnis und wird abgerundet durch eine Erörterung der Thematik des Bösen - von seinen ontologischen Wurzeln her. Diese ist essenziell für ein Wirklichkeitsverständnis, das jenseits von Moralismus und Projektion der Entwicklung des Menschen orientierend zur Seite steht: Vom Dunkel ins Licht.

Wir wünschen den Lesern erhellende Momente erkenntnisverdichteter Zeit – und Offenheit für einströmende schöpferische Impulse zur Lebensgestaltung.

Uli Fischer und Wolfram Bahmann
im Mai 2025

„Die Wissenschaftsgläubigkeit
der (post)modernen Menschen
ist gross."

„Weniges kann
den Menschen
so erfassen und
erstarren lassen,
wie die Angst."

Corona oder die verlorene menschliche Würde

Ein philosophischer Weckruf

Wie kann nur die ganze Welt wegen eines wenig sensa-
tionellen Virus auf dem Kopf stehen? Die tiefen Gründe
hierfür sind vielleicht nur mit psychologischen und philosophischen Überlegungen zu finden. Der Philosoph
Jochen Kirchhoff führt durch das Tor der Angst in den
lebendigen Kosmos zur natürlichen Würde des Menschen.

Was für ein Jahr, denke ich oft – und frage mich, was
noch kommen soll nach diesem Oktober, in dessen Mitte ich diese Zeilen schreibe. Die vielen absurden, er-
schreckenden Momente sind unübersehbar. Der Coro-
na-Spuk schlägt mir, vielen anderen auch, schwer aufs
Gemüt, verfolgt mich oft bis in den Schlaf und die Träume hinein. Phasenweise fühle ich mich wie gelähmt und
habe das Gefühl, in ein bizarr-monströses Geschehen
eingetaucht zu sein, das bösartig ausgedacht ist und
dem niemand auf diesem Planeten ausweichen kann.
Wie konnte es dazu kommen? Gibt es einen geheimen
Plan hinter und in alledem? Was wird hier eigentlich –
und von wem – gespielt? Warum wird die herrschende
Politik von Wahnideen bestimmt, die uns alle zu ruinieren drohen? Das sind nur einige der naheliegenden Fragen.

Was wird hier gespielt?

Schon im März stieg in mir der Verdacht auf, dass etwas falsch sein müsse in der offiziellen Erzählung des Corona-Geschehens. Irgendetwas stimmt fundamental nicht, glaubte ich und glaube ich noch immer. Ich suchte nach der wahren Geschichte hinter der falschen. Wo war diese zu finden? – Ich will mir nicht anmaßen, sie gefunden zu haben, aber es gibt starke Indizien für maßgebende Faktoren. Von diesen will ich sprechen. Als Philosoph stelle ich fundamentale Fragen. Ich habe im Laufe eines guten halben Jahrhunderts viele Fragen gestellt, vieles bezweifelt, was als gesicherte Wahrheit gilt, etwa die Mainstream-Kosmologie, die in großen Teilen ohne Bezug zur lebendigen Wirklichkeit ist. Ausgehend von anderen Prämissen, anderer Metaphysik und Methodik komme ich zu anderen Ergebnissen, die ich in Büchern, Essays (auch in „raum&zeit") und Videos dargestellt habe. Meine wichtigsten Gewährsleute und Anreger, die ich weiterdenke, sind die Philosophen Giordano Bruno (1548 bis 1600) und Helmut Friedrich Krause (1904 bis 1973).

Die Corona-Krise wurde für mich zur persönlichen, politischen, psychologischen – und zur philosophischen Herausforderung. Ich wollte verstehen, worum es hier eigentlich ging! In alternativen Medien fand ich Grundansätze, die ich für erheblich plausibler hielt als das offizielle Narrativ. Aber wesentliche Aspekte der Corona-Krise, so wurde mir deutlich, sind noch nicht verstanden worden. Ohne eine Grundlagenkritik der herrschenden, abstrakten Naturwissenschaft, ihrer psychologisch-existenziellen Konsequenzen, kann die Dimension des globalen Corona Wahnsinns nicht wirklich begriffen werden. Rein medizinisch und politisch ist das Thema nicht zu bewältigen.

Angst vor Einsamkeit und Tod

Aber ich beginne mit dem Faktor der Angst. Wenn diese Krise etwas gezeigt hat, dann: Weniges nur kann den Menschen so erfassen und erstarren lassen wie die Angst, die das kritische Denken im Abgrund der eigenen Psyche verschwinden lässt, wenn es denn vorher vorhanden war.

• Da ist Angst vor dem „Killervirus", die von vielen Medien, raffiniert geschürt, am Kochen gehalten wird. Die Angst vor der Infektion und Urangst, von einer mörderischen Seuche dahingerafft zu werden. Wer im Angst- und Panikmodus steckt, ist abgeschottet gegen nüchternes, kritisches Denken, wenn Argumente kommen, die dem widersprechen, was Tag für Tag als mehr oder weniger alternativlos von denen vorgeführt wird, die im Besitz der Deutungshoheit sind.

• Die Angst vor dem Seuchentod, historisch fundiert, wird mit perfider Drohgebärde beschworen. Sie setzt auf die Angst vor qualvollem Siechtum, das unausweichlich in den Tod führt, die Todesnähe als Schreckensbild in beklemmende Nähe rückt.

• Angst schwächt, ruiniert unser Immunsystem.

• Plötzlich war und ist die Angst allgegenwärtig. Ich nahm sie in vielen Gesichtern wahr, in den Augen oberhalb der Maske, des vorgeschriebenen Stofffetzens vor Mund und Nase, ja spürte sie geradezu durch die Maske hindurch.

• Dazu die Angst des Menschen, ausgegrenzt und lächerlich gemacht zu werden, herauszufallen aus der ihn tragenden Gemeinschaft des sozialen Umfelds und psychisch abzustürzen.

• Die Angst vor dem öffentlichen Pranger, der real und grausam ist, wie jeder weiß, der eine Erfahrung dieser Art gemacht hat.

• Die Angst vor finanziellem Ruin. Auch die vor Abhängigkeit von undurchschaubaren Mächten, die einem den Boden wegreißen können.

• Die Angst vor sogenannten Bußgeldern. Angst vor Denunziation ...

Früh fiel mir auf, dass das „neuartige Coronavirus" Sars-CoV-2 fast wie der Tod selbst auftritt oder von vielen so gesehen wird. Alle Welt ist wie magisch fixiert auf dieses Virus, das umgeben ist von der düsteren Aura eines unsichtbaren, allgegenwärtigen Feindes, dem nur mit extremen Mitteln, wenn überhaupt, beizukommen ist. Corona als Pest und Cholera. Als Sensenmann. Corona morgens, mittags, abends. Dann auch nachts, irrlichternd durch unsere Träume. Alptraum Corona ... Dauerthema – Dauerpanik, gierig medial verstärkt. Ich habe den Verdacht, dass es im Kern um die Ausrottung des Todes selbst geht. Die uralte, geheime Sehnsucht nach der ultimativen Überwindung des Todes wird wieder wach.

Wichtige und unwichtige Tote

Die Fixierung auf die Corona-Toten hat dazu geführt, dass eine perverse Hierarchisierung von Toten eingetreten ist. Ganz oben stehen die an oder mit dem Virus Verstorbenen als abstrakte Größe im Licht der Öffentlichkeit. Die meisten Todesfälle spielen im Bewusstsein der Menschen dagegen eine geringe Rolle: Kinder in horrender Zahl jeden Tag, Malariatote, Tote durch Krankenhauskeime, falsche Ernährung, durch Umweltgifte, durch Suizide, durch saisonale Grippewellen. 7 Mio. Hungertote weltweit in jedem Jahr. Rund eine Million Verkehrstote usw. Hat es jemals einen globalen Aufschrei deswegen gegeben? Einen Lockdown? Rigide Maßnahmen? Mir nicht bekannt. Aber dann kam Corona – und plötzlich überzog dieses gefährdete Gestirn ein Netz von massiv in das Leben unzähliger Menschen eingreifenden, autoritär-repressiven Anordnungen.

Es mehren sich die Anzeichen dafür, dass die Corona-Krise als Beschleuniger wirkt für fatale, jahrzehntelange Entwicklungen: die globale Diktatur der Finanzindustrie und der Digitalkonzerne, deren Macht und Reichtum ins Monströse gewachsen ist und wächst, auch im Zusammenhang mit dem Ausbau der sogenannten Künstlichen Intelligenz (KI), mittels derer die Totalüberwachung der gesamten Erdbevölkerung möglich ist, und dem sogenannten Transhumanismus, der die menschliche Kernsubstanz aushöhlt, langfristig auslöscht. Der Mensch mutiert zum gläsernen Datenträger und in Gänze steuerbaren Außenwesen ohne Innenseite – das des lebendigen Ichs beraubte Wesen ist umfassend manipulierbar.

Technik als Erlösungsreligion

Die Wissenschaftsgläubigkeit der (post)modernen Menschen ist groß. Die meisten glauben, was die Wissenschaft ihnen als „gesicherte Erkenntnisse" verkauft. Der Umfang „gesicherten Wissens" ist jedoch gering. Meist handelt es sich um bloße Hypothesen, reine Fiktionen (wie der sogenannte Urknall).

Die technische Sphäre ist fast zur Theosphäre geworden, zum Gottersatz und Erlösungsprojekt. Seit langem schon, heute primär in KI und digitaler Technik. Der Chip im Gehirn wird angestrebt (Elon Musk) ... Der Zug rollt gnadenlos in Richtung Transhumanismus. Wer kann ihn aufhalten?

Erklärungsversuche abstrakter Naturwissenschaft feiern in der Corona-Krise fragwürdige Triumphe. Der Mensch wird zum bloßen Körper degradiert, zum Objekt, was zur Eliminierung seines wahren, eigentlichen Ichs führt. Wozu Geist, wozu Seele, wozu Bewusstsein?

Computermodell jenseits der Realität

Die Wissenschaftsgläubigkeit bezüglich digitaler Abstraktion lässt sich eindrucksvoll, geradezu holzschnittartig überzeichnet, an zwei Beispielen demonstrieren: Das erste Beispiel – das bekannte Computermodell des Verlaufs der Sars-CoV-2-Pandemie von Neil Ferguson, Epidemiologe und Prof. für mathematische Biologie, der die britische Regierung beriet. Er sprach im März 2020 von 500.000 zu erwartenden Corona-Toten in Großbritannien und schlug einen radikalen Lockdown vor. Verwunderlich, dass er mit dem Vorschlag Erfolg hatte, denn schon frühere seiner Prognosen hatten sich (wie bei Christian Drosten) als völlig falsch herausgestellt, so etwa die groteske „Voraussage" im Jahr 2005 von circa 150 Million zu erwartenden Todesfällen weltweit als Folge der sogenannten Vogelgrippe.

Seine Computersimulation zur Verbreitung von Covid-19 ging von falschen Grundannahmen und Parametern aus, war aber in Großbritannien und weltweit enorm einflussreich. Fast alle Lockdownmaßnahmen basierten auf dieser Simulation. Heute ist es zwar so, dass viele Wissenschaftler das Computermodell des mathematischen Biologen für falsch halten, keineswegs aber Computermodelle als solche.

PCR-Test – hochstilisierte Bruchstücke

Ein zweites Beispiel: Der berüchtigte PCR-Test, fehleranfällig und für diagnostische Zwecke laut Fachliteratur ungeeignet, ist nicht in der Lage, eine Infektion, geschweige denn eine Krankheit oder die Krankheit Covid-19 nachzuweisen. Kein Virologe hat einen wissenschaftlichen Beweis dafür erbracht, wie das ominöse Virus tatsächlich aussieht und ob es wirklich kausal verantwortlich ist für die von ihm angeblich ausgelöste Krankheit Covid-19. Wir bewegen uns hier in einer Grauzone aus Hypothese, Fiktion und Bruchstücken von empirischer Realität, die sich nicht zu einem überzeugenden Bild fügen.

Seit mehr als 50 Jahren kritisiere ich die abstrakte Naturwissenschaft auf der Basis einer philosophisch fundierten „anderen" Naturwissenschaft und Kosmologie. Daraus erwächst ein geschärfter, kritischer Blick auf die von Seiten der „Corona-Erklärer" in bleierner Monotonie vorgetragen Behauptungen und Hypothesen.

Im Bann des megatechnischen Pharaos

Die Naturwissenschaft ist das kaum in Zweifel gezogene „Stahlskelett" (C. F. von Weizsäcker) unserer Kultur; als zumeist abstraktes, machtförmiges Projekt, das die digitalen Systeme ermöglicht, stellt sie den eigentlichen Fundamentalismus auf dem Planeten dar, dem gegenüber religiöse Fundamentalismen verblassen. Die den Globus beherrschenden abstrakt-technischen Faktoren samt Finanzsystem, Digitalkonzernen, „militärisch-industriellem Komplex" und staatlichen Machtapparaten bezeichne ich als „Megatechnischen Pharao". Dieser zwingt uns zu permanentem „Pyramidenbau", gnadenlos, und auch seine Kritiker müssen, ob sie wollen oder nicht, Tribut entrichten. Er lebt und wirkt durch unsere (teils freiwillige, teils erzwungene) Zustimmung. Wir nähren das Monster mit unserem lebendigen Blut und Atem.

Der abstrakten Naturwissenschaft, ihrem „methodischen Atheismus" und ihrer Subjektblindheit, ist es auf gespenstische Weise gelungen, die Welt – den Kosmos – zum bloßen ‚Ding' zu erklären, dem kein subjekthaftes, eigenlebendiges Wesen innewohnt. Was es noch gibt an „Weltinnenraum" (Rilke), ist verbannt in die Innenwelt des Einzelnen, der keine übergreifende Verbindlichkeit und ontologische Eigenqualität mehr zukommt.

Wir sind mehrheitlich abgestürzt auf die Betondecke der puren Außenwelt, heimatlos im veräußerlichten Raum, der uns nicht mehr birgt und metaphysisch trägt.

Zwischen Quasi-Nichts und Quasi-Gott

Phänomene können nur noch mathematisch und damit sinnleer beschrieben, systematisiert werden. Es herrscht die schwarze Metaphysik des Nihilismus, der Spuk, der Gespenster gebiert und hervorbringt. Das hat auch den Menschen ergriffen und zum Quasi-Nichts degradiert. Kein Wunder, dass er sich nun häufig genug zugleich als Quasi-Gott aufspielt, der grotesken Zerrform des Ichs lebendiger Fülle. Die eigentlich gemeinte kosmische Würde wird ihm in der dominierenden Intellektualkultur abgesprochen. Digitale Phantasmen haben sich an die Stelle lebendiger geistig-kosmischer Verankerung im Weltseele-Raum gesetzt.

Das Virus Sars-CoV-2 ist unsichtbar, aber gleichwohl ein pures Ding im Außen, das monokausal-mechanistisch verstanden und bekämpft wird. Die Virologen und Epidemiologen, egal wie sie zu Corona stehen, bedienen sich der Computersimulationen als elementarem Handwerkszeug.

Der abgestürzte Mensch, der seelenlose Bio-Computer als Quasi-Nichts, basiert auf einem traurigen Menschenbild. Dabei stehenzubleiben heißt, den herrschenden Wahn zu füttern, der auf Transhumanismus und Künstliche Intelligenz hinausläuft. Wo es an lebendiger Intelligenz mangelt, wird hemmungslos von KI fantasiert. Ohne die Würde einer metaphysischen Existenz aber ist der Mensch mehr oder weniger verloren. Das seelisch-geistig entkernte Individuum wird nun mit einem angeblichen Killervirus bedroht und erstarrt in Angst vor dem als Vernichtung empfundenen Tod.

Die Wiederentdeckung der kosmischen Würde

Wie gelingt es, Angst zu überwinden und uns nicht kleinmachen zu lassen? Ohne authentisches, unermüdliches Ringen, das eine Art Selbstergreifung darstellt in Sensibilisierung unseres Selbst als Ich-Wesen in geistig-kosmischer Verantwortung, wird es kaum gehen. Das Menschenbild, das in der herrschenden Intellektualkultur vorausgesetzt und pausenlos bestärkt wird, ist die unheilige Allianz von Quasi-Nichts und Quasi-Gott. Es lässt sich überspitzt sagen: Du, als Einzelner, bist quasi nichts, ein besserer Bio-Chip und -Datenlieferant der großen Maschine, ein Wesen ohne Tiefe und metaphysische Eigenwürde. Du magst Dich dagegen sträuben; das hilft wenig. Es sei denn, dieses Sich-Sträuben, dieser Widerstand wird gespeist und gleichsam zum Leuchten gebracht durch das wache Bewusstsein des eigenen Ichs in gelebter Verbundenheit mit der Schöpfung, mit dem Kosmos. Der wichtigste Kampf unserer Zeit ist der Kampf um die Frage nach dem Menschen: Welchen Wesens ist der Mensch? Gemeint ist auch der Bewohner des rätselhaften Gestirns Erde, denn überall im Kosmos gibt es nach meiner Überzeugung hoch organisiertes, auch menschliches Leben. Es gibt dafür starke Indizien. Der Planet treibt nicht, mechanischen Gesetzen folgend, durch die kosmische Nacht, sondern wird getragen und durchstrahlt von lebendigen Bewusstseinsfeldern, die ihn zum Großorganismus machen.

Im Dialog mit dem lebendigen Universum

Wir leben in einer rundum lebendigen Welt. Dies ist eine Prämisse meines Denkens. Eine Kugel strahlenden Bewusstseins, das uns mit, Bewusstseinskugeln anderer Gestirne verbindet, ist gleichsam um unser Heimatgestirn gelegt – von überall strömt es auf uns herab, durchdringt uns, trägt uns, ermöglicht uns. Überall ist Gaia, könnte man sagen, auch wenn das nach Fantasy oder Esoterik klingt. Und die „Rettung" der Erdlinge kann nur darin bestehen, eine Art, Wiedereinwohnung in den lebendigen Kosmos anzustreben und zu verwirklichen, denn wir sind nicht nur Blickende, umstellt von einem seelenlosbewusstseinsblinden Außen, sondern zugleich „Angeblickte". Erst dieses „Angeblickt-Sein" aus lebendigen Augen in der Tiefe des Alls macht uns im kosmischen Sinn zu dialogischen Wesen. Bis dato verbleiben die meisten von uns im trüben Status ständiger Monologe. Wir rufen gleichsam in die Leere des Universums hinein und erhalten keine Antwort. Diese wird uns nicht technisch-digital erreichen, sondern nur seelisch-geistig, innen, kraft unseres gesteigerten Bewusstseins. Nur so lässt sich von kosmischer Verantwortung des Menschen sprechen: Wir müssen uns erinnern, wer wir wirklich sind und welche Aufgabe wir haben.

Corona-Krise als Chance

Das heißt, sich innerlich zu verabschieden von einer uns manipulativ aufgezwungenen Existenzform im Nur-Außen, die uns als Menschen aushöhlt, und sich zu befreien von dem Krampf der Angst und der uns suggerierten Sinnlosigkeit. Wir sind geistig-kosmische Existenzen. Darin wurzelt unsere Würde. Wir brauchen einen Erinnerungsschub bis dato unbekannten Ausmaßes. Vielleicht ist die sogenannte Corona-Krise eine Chance dieser Art. Der Mensch überhaupt steht auf dem Prüfstand. „Gewogen und zu leicht befunden", – ist es das? Das wäre unser Ende. Was immer auf diesem Feld geschieht, es wird uns nicht in den Schoß fallen, sondern es will kämpferisch errungen werden, bewusstseinsmäßig, also in uns. Das schließt einen wachen und kritischen Blick auf das politische Geschehen um uns herum gerade ein.

Den Kräften und Mächten, die uns im Geistig-Seelischen klein halten wollen, uns hineinzwingend in eine abstrakte Scheinwelt, gilt es den Kampf anzusagen. Es gilt auszusteigen aus dem megatechnischen Wahn und einzusteigen in das, was uns in der Substanz ausmacht: Wir sind – potenziell – schöpferische Bewusstseins-Entitäten, und wir brauchen uns nicht zu „kosmischen Idioten" in einem sinnleeren Universum machen zu lassen. Der „Megatechnische Pharao" mit all seinen Unterführern und Welterklärern feiert gerade darin noch traurige Siege.

Nur die Selbstermächtigung des Einzelnen, aus seiner geistig-kosmischen Substanz erwachsend, lässt den Irrsinn, der uns auf der Erde umfängt, wie einen Spuk zerstieben. Das sagt sich leicht, ist aber schwer in der uns abverlangten Umsetzung. Sicher für viele eine Überforderung. Aber welche Alternativen gibt es?

Mut zum Wesentlichen

Nur die Selbstergreifung lässt uns Angst überwinden, die immer auch die Angst vor dem eigenen Innern, dem eigenen Ich ist. Diese Angst ist auch als Ursache der Todesangst anzusehen, denn der Tod ist die äußerste Konfrontation mit uns selbst, wie aus relevanten spirituellen Überlieferungen abzuleiten ist. Wahrscheinlich durchlaufen wir viele Inkarnationen. In einem Leben ist viel, aber beileibe nicht alles zu erreichen, woraufhin wir angelegt sind. Entweder wir fallen in dumpfe Bewusstseinsformen, die uns missbrauchen, wie dies in der „schönen neuen Welt" der megatechnischen Verheißung geschieht, – oder wir ergreifen uns selbst, ermächtigen uns, uns wirklich ernst zu nehmen und uns als geistig-kosmische Wesenheiten zu erkennen.

Dazu müssen wir das, was als Wissenschaft gilt, mit kritischem Geist hinterfragen. Die Virologen orientieren sich mit ihrem Denken an den abstrakten Modellen der Physiker, die quasi als sakrosankt gelten und mittlerweile klares Denken in toto überwuchern: Wozu denken, wenn man am Computer rechnen und modellieren kann? – Die Wirklichkeit hinter den digitalen Gespenstern der sogenannten Kosmologen interessiert kaum jemanden.

Ich schreibe noch immer im Oktober 2020. Ich wage keine Prognose, weder im Positiven noch im Negativen.

Man wird sehen. Wir werden sehen. Trends gibt es (etwa in Richtung auf den fatalen „Great Reset"), aber wie aussagestark sind sie?

Angst und Panik führen in die Irre und letztlich in den Wahnsinn der totalen Unterwerfung, in die Selbstaufgabe. Die erwähnte Selbstergreifung steht in völligem Gegensatz dazu.

So möchte ich diesen Essay als einen kleinen Weckruf verstanden wissen, uns als Menschen im tiefsten Sinne wirklich ernst zu nehmen. Das ist möglich und mehr denn je geboten ...

* * *

„Die ‚Sonnen‘ verstrahlen
kein Licht, keine Wärme,
sondern Radialenergien.“

„Wir sind, im
kosmischen Sinne,
gleichsam standortgeschädigt ...“

Licht der Natur –
Licht des Geistes (I)

Naturphilosophisches, Kosmologisches und rundum Ketzerisches zum kosmischen Licht

Wenn das Licht von der Sonne kommt, warum ist das Universum dann dunkel? Jochen Kirchhoff stellt Fragen, die mit den vorherrschenden Erklärungsmustern nicht zu beantworten sind. In diesem Essay stellt der Autor gängige Theorien in Frage und bietet ein grundlegend neues Erklärungsmodell zum Phänomen Licht. Er entlarvt die Schwächen der Wissenschaftstheorien, die ihre Messungen und Erkenntnisse auf Denkmodellen aufbauen, die nicht der Wirklichkeit entsprechen.

Was immer das Licht eigentlich oder wirklich ist und wie immer wir es betrachten oder über es nachdenken, – streng genommen ist es kein Etwas, kein Objekt „da draußen“, auf das man einfach so losmarschieren könnte. Schon die elementaren Zuordnungen von Subjekt und Objekt versagen hier. Licht – als es selbst – ist immer innen und außen gleichzeitig bzw. es überschreitet diese Kategorien, hebelt sie aus und macht sie, in dieser plumpen Entgegensetzung, hinfällig. Wie immer man versucht, das Licht wissenschaftlich zu bestimmen, ob als elektromagnetische Strahlung, als Teilchenschauer (Photonentheorie) oder als Ätherschwingung, was hier

25

zutage gefördert wird, ist bestenfalls die eine Hälfte des Phänomens Licht: sein messbares Korrelat, seine stoffliche, feinstoffliche oder energetische Seite (= „Objektseite"). Diese aber ist nicht das Licht selbst, nicht das Licht, das uns umgibt, das den Tag zum Tag macht, nicht das Mond- und Sternenlicht, nicht das allgegenwärtige Fludium, als das wir es, auf durchaus rätselhafte Weise, in der Sinnenwelt erfahren.

Goethe gegen Newton

Die Einwände Goethes gegen Newton berühren genau diesen Punkt; aus ihm ist die schroffe Polemik zu erklären, die Goethe in der Farbenlehre vorträgt. Und hier wird Goethe immer aktuell sein, immer Recht behalten: in dem Protest des lebendigen Menschen, der sich als integralen Teil einer rundum lebendigen Natur erlebt und weiß, gegen den lebensfernen, ja lebensfeindlichen Abstraktionismus, welcher der Natur mit Folterwerkzeugen auf den Leib rückt und aus den derart herausgepressten „Antworten" ein abstraktes Weltbild zimmert, unter dessen Dominanz alles Lebendige verblutet oder in die Emigration gezwungen wird, in die (dann als unverbindlich geltenden) subjektiven Innenräume. Als Experimentator, das muss zugestanden werden, ist Goethe weitgehend gescheitert; hier, aufs Ganze gesehen, war die Newtonsche Optik stärker, – stärker, weil „kälter", weil präziser, weil für jeden „nachvollziehbarer". Ist sie deswegen „wahrer"? – Doch um die legendäre – und noch immer unausgeschöpfte – Goethe-Newton-Kontroverse soll es nicht gehen in diesem Essay, jedenfalls nicht direkt; indirekt schwingt sie naturgemäß mit.

Mit dem Hinweis auf die Unzulänglichkeit der Reduktion des Lichtes auf die „Objektseite" will ich dezidiert nicht jene Paradoxa der Quantentheorie angesprochen haben, die eine schaurige und seit Jahrzehnten umraunte Berühmtheit erlangt haben, – vom Teilchen-Welle-Dualismus bis zum Gespenst der „Schrödingerschen Katze", bei der man nicht weiß, ob sie tot oder lebendig ist. Ich habe einen Vorschlag unterbreitet, wie man den Teilchen-Welle-Dualismus auflösen kann, ohne die empirisch gesicherten Phänomene zu missachten.[1]

Unsichtbares Licht

Licht ist nicht nur jenseits des simplen Subjekt-Objekt-Gegensatzes angesiedelt (auch wenn Reduktionisten aller Art hier gleich Protest anmelden), das heißt es gibt kein Licht ohne das Auge, in das es fällt, sondern, „schlimmer noch", – es ist eigentlich unsichtbar. Was immer wir sehen, das Licht selbst jedenfalls nicht! Licht ist unsichtbar, wie auch Materie unsichtbar ist. Erst im Wechselspiel der an sich unsichtbaren Materie mit dem an sich unsichtbaren Licht wird unsere sichtbare Welt geboren, tritt das Licht in jenen Zustand, den der sinnlich-empirische Mensch mit ihm verbindet: eben den der „Sichtbarkeit" (die im strengen Sinne nicht gegeben ist), den des Erleuchtens, des Sichtbarmachens der Dinge. Ein Licht, das schlicht unsichtbar oder eben völlig finster ist, irritiert das sinnliche Bewusstsein. Manche, die zum ersten Male davon hören, dass das Licht selbst unsichtbar sein soll, reagieren verwirrt und skeptisch, vermuten, das hier irgendwo ein Denkfehler liegt. Aber dem ist nicht so.

Auch wenn in den Lehrbüchern der Physik zu lesen ist, dass wir nur den Ausschnitt von 400 bis 750 Nanometern Wellenlänge als „sichtbares Licht" wahrnehmen, im Gegensatz zu dem „unsichtbaren Licht" diesseits und jenseits dieses Spektrums, so muss dies in strenger, nüchterner Betrachtung als falsch bezeichnet werden. Auch das „sichtbare Licht" ist eigentlich unsichtbar. Noch niemals hat jemand so etwas wie Lichtstrahlen gesehen. Wir sehen erleuchtete Materie – etwa Staubpartikel in der Luft, die uns den „Weg des Lichtes" zeigen und den Eindruck von Lichtstrahlen erwecken –, aber nicht dasjenige, was erleuchtet, eben das Licht. Schickt man gleißendes Licht im „leeren Raum" von links nach rechts auf einen Schirm und betrachtet dieses Licht im rechten Winkel, so sieht man – nichts. Den Raum selbst erhellt das Licht nicht, er bleibt finster für das sinnliche Auge. Einhellig berichten die sogenannten Astronauten, dass der Weltraum „völlig finster" ist, eine allgegenwärtige, alles verschluckende Nacht, die auch das Licht der Sonne und der Sterne nicht aufhellt.

Widersprüche in der Wissenschaft

Ich bin immer wieder verwundert, wie wenig sich Menschen beunruhigen lassen über das, was ihnen von der herrschenden Naturwissenschaft zugemutet wird, wie wenig Widerspruch es gibt gegen die Grundbehauptungen der physikalischen Kosmologie. Und damit will ich einen erheblichen Teil derjenigen einbezogen wissen, die sich der „New Science" oder der „alternativen Wissenschaft" zugehörig fühlen. Das Problem ist also nicht nur auf die Mainstream-Naturwissenschaft beschränkt. Ob es nun den Urknall oder Schwarze Löcher gibt (viele, auch ich, bezweifeln das aus den verschiedensten Gründen), ob nun Einstein Recht hat oder nicht, ob der Äther existiert und, wenn dies bejaht wird, welche Eigenschaften er aufweist, – dies und vieles mehr kann kontrovers diskutiert werden, und wird es auch.

Und doch muss diese Debatte den Einzelnen, in seinem lebendig erfahrenen Menschsein, gar nicht berühren. Auch wenn zweifelsfrei feststünde, dass sich Einstein in seinen zentralen Hypothesen geirrt hat (ich neige dazu, dies anzunehmen, – wie viele andere auch), auch wenn der herrschende Abstraktionismus noch mehr als bisher in seinen desaströsen und erkenntnishemmenden Auswirkungen entlarvt wäre (und das ist abzusehen), dann wären wir damit nicht gleichsam automatisch in einer „besseren" und lebendigeren Welt. Wir wären nicht dichter dran an der kosmischen Wirklichkeit, der kosmischen Intelligenz. Wir könnten immer noch, wie Sloterdijk sagt, die „Idioten des Kosmos" sein. Wir könnten immer noch isoliert und richtungslos durch die kosmische Nacht jagen, die von uns nichts weiß und die uns in gnadenloser Kälte anhaucht. Wir könnten immer noch in einem monströsen und toten Universum leben, das den irdischen Lebensraum nur als Oase kennt. Und damit, auch wenn wir die Physik gründlich revidiert und auf eine realistischere Grundlage gestellt hätten, wie das ja viele anstreben, – wären wir keinen Millimeter weiter, was das eigentlich und allein Wesentliche ist: In der Frage, wer wir sind und wo wir sind in diesem Kosmos. Es versteht sich, dass ich die Wo-Frage hier nicht in dem simplen Sinn meine, wie sie gemeinhin gestellt und auch, noch simpler, beantwortet wird.

Die Frage nach dem Licht

Die Frage nach dem Licht, zunächst die nach dem kosmischen Licht, kann nicht abgekoppelt werden von der Frage nach dem Menschen überhaupt, von der Mensch-Kosmos-Beziehung. Die meisten bestreiten das oder wollen nichts davon wissen. Es gehört zu den bestgehüteten Geheimnissen unserer Zeit und berührt eines der heikelsten Tabus, dass die physikalische Kosmologie, die das Kosmos-Thema monopolartig besetzt hält, zu weiten Teilen auf (undurchschauten) Projektionen beruht. Was das heißt und wie das zu denken ist, habe ich in meinen beiden letzten Büchern ausführlich dargestellt, will es aber an dieser Stelle noch einmal thesenhaft bündeln. Wenn dieses „bestgehütete Geheimnis" unseres kollektiven Bewusstseins nicht verstanden wird, bleibt alles Reden und Theoretisieren über das kosmische Licht bodenlos.

Modell und Wirklichkeit

Dass Naturwissenschaft – als der systematisierte Versuch, die uns gegebene Naturwirklichkeit zu denken bzw. denkbar zu machen – nicht auskommt ohne leitende Prämissen und Prinzipien, die selbst nicht mehr empirisch sind und sein können, insofern also Setzungen darstellen, weiß jeder ernst zu nehmende Naturforscher. Anders formuliert: ich kann nur sinnvoll forschen, wenn ich Grundannahmen über die Wirklichkeit der Dinge mache, die den Erkenntnisprozess leiten und ihm, notwendig, ein Muster aufprägen, – ein Muster, das einiges in grellem Lichte zeigt, anderes dagegen ins Dunkel rückt. Viele, ja die meisten Naturwissenschaftler haben nun aber die Tendenz, irgendwann dieses (projektive, metaphysische) Muster mit der Wirklichkeit der Dinge zu verwechseln. Motto: Es funktioniert doch, also ist es wahr. Verbal zwar gibt es Vorbehalte und Relativierungen („Natürlich ist das Modell nicht die Wirklichkeit, wir wissen das"), aber faktisch wird der Unterschied zwischen projektivem Muster und Wirklichkeit eingeebnet. Und dies um so mehr, wenn das Muster kollektiv und von den herrschenden Überzeugungen sanktioniert ist, wenn mit der Orientierung an ihm Forschungsgelder, Karriere, wissenschaftliche Reputation und, heute fast das wichtigste, weitreichende technische Möglichkeiten verbunden sind. Alle Welt liebt die Computersimulation; diese hat für viele die Wirklichkeit gleichsam entbehrlich gemacht.

Allgemeingültige Naturgesetze?

Gerade wenn wir verstehen wollen, was kosmisches Licht ist und wie es entsteht, müssen wir einige dieser allseits vorausgesetzten Prämissen kritisch betrachten. Die vielleicht wichtigste Prämisse ist die der Einheit der Natur und der Universalität der sogenannten Naturgesetze. Mit den Worten des Physikers Hans-Jörg Fahr:

> *„Alle Naturwissenschaftler stehen auf dem Standpunkt, dass die von ihnen entdeckten und formulierten Naturgesetze, zumindest die fundamentalsten unter ihnen, mit denen sie die physikalische Umwelt und schließlich auch das ganze Universum beschreiben, an allen Orten zu allen Zeiten gleichermaßen gelten. (...) Jeder Naturbeschreiber kann dieselben Gesetze unverändert und unabgewandelt benutzen, ob er nun in der Antike oder heute, ob er in Hinterindien oder in Westeuropa, ob er im Tal oder auf dem Berg einen Steinwurf verfolgt. Mit solchem axiomatischen Glauben wollen die Naturwissenschaftler, überzeugt von der Sinnhaftigkeit der Natur, festlegen, dass den Formen oder Formulierungen der Naturgesetze, die sie zur Beschreibung der Welt aufstellen, nicht anzumerken ist, an welchem Ort und zu welcher Zeit sie von wem formuliert worden sind. Wie etwas in der Natur geschieht, ist nicht davon abhängig, wo und wann es geschieht. Auch nicht davon, von wem das Geschehen konstatiert wird.“* [2]

Diese weitreichende Behauptung, gleichsam die Geschäftsgrundlage für den überwiegenden Teil der Naturforscher, ist niemals bewiesen worden; sie ist strukturell unbeweisbar. Es ist eine Universalbehauptung, die nur geglaubt werden kann. Mit empirisch gesichertem Wissen haben wir es nicht zu tun. Dies muss in der gebotenen Schärfe hervorgehoben werden. Ich bezweifle diese Behauptung, jedenfalls in der Form, in der sie meist auftritt. Damit bezweifele ich auch die daraus abgeleitete Schlussfolgerung, dass alles hier auf der Erdoberfläche (im weiten Sinne) und in Erdennähe Beobacht- und Messbare grundsätzlich und immer und in allen Teilen des Universums gilt. In meiner Sicht ist dies ein durch und durch geozentrischer Standpunkt. Die Erde wird damit einmal mehr, nur diesmal anders als im Mittelalter und in der Antike, als Zentrum des Universums gesetzt. Alles soll überall „so wie hier" sein, jedenfalls was die Naturgesetze anbelangt. Kennen wir überhaupt die wahren und eigentlichen Naturgesetze? Das glaube ich nicht. Wir haben mehr oder weniger kluge und genaue Beschreibungen, kaum echte Erklärungen. Hinzu kommt, dass der über all das nachdenkende Mensch, das lebendige Subjekt, sich selbst gar nicht kennt und versteht und erkenntnismäßig, wie man weiß, schon am Elementarsten scheitert: an seinem eigenen Ich, seinem Bewusstsein. Und ohne eine substantielle Anthropologie, eine Lehre vom Menschen als Bewusstseins- und Ichwesen, bleibt alles Reden über Natur und Kosmos bestenfalls ordnende Phänomenologie, ansonsten abstrakter Nebel, mathematischer Tagtraum.

Zweifel an Naturgesetzen

Schon 1881 warnt der Philosoph Friedrich Nietzsche:

„Hüten wir uns, von irgend einem Gesetz, sei es selbst ein primitiv mechanisches unserer Erfahrung, zu behaupten, dies herrsche in ihm und sei eine ewige Eigenschaft. (...) Unzählige „Eigenschaften" mögen sich entwickelt haben, für die uns, aus unserem Zeit- und

Raumwinkel heraus, die Beobachtung nicht möglich ist." [3]

Zu den wenigen Physikern heute, die Zweifel anmelden an der postulierten Universalität und Raum-Zeit-Invarianz der Naturgesetze, gehört Bodo Hamprecht (Physikprofessor an der Freien Universität Berlin). In seiner Rezension meines Buches „Räume, Dimensionen, Weltmodelle" schreibt er:

„Dass Naturgesetze immer und überall gleich gelten sollen, ist reine Fiktion; doch ohne diesen Mythos müsste die physikalische Kosmologie mit ihrem Urknall, ihren schwarzen Löchern und Kernbrennöfen sofort zusammenbrechen."

Im Anschluss an die zitierte Passage schreibt Hamprecht:

„Des ungeachtet gründet sie (also die physikalische Kosmologie, J. K.) auf diese Fiktion den ‚mathematischen Okkultismus' der theoretischen Physik, in welchem so ungeheuerliche Dinge wie die ursachelose Bewegung der Planeten um die Sonne unterstellt werden." [4]

An dieser Stelle möchte ich festhalten: Im Bereich der physikalischen Kosmologie im weitesten Sinne, also einschließlich der Annahmen über Aufbau und Physik der Himmelskörper, bewegen wir uns in einem kollektiven Mythos, einem (ausdifferenzierten und mit abstrakten Formalismen durchsetzten) System von Fiktionen und Projektionen. Die herrschende Bewusstseinsverfassung schafft sich gleichsam ihr Spiegelbild „da droben", das nun monströs und lebensfeindlich auf uns „herabstrahlt". Wie intelligent sind die vom Mainstream getragenen – und einzig zugelassenen! – Deutungen der kosmischen Umweltphänomene, der Strahlungen, die uns aus den rätselhaften Tiefen des Weltraums treffen und die wir mit unseren Superteleskopen gierig einfangen und nach Maßgabe unserer Fähigkeiten auswerten?

Kosmisches Licht

Was ist das kosmische Licht? Stammt es wirklich aus superheißen Gasbällen, wie mehr oder weniger alle Welt annimmt und wie uns ständig über Lehrbücher und Medien nahegebracht wird? Es gibt gute Gründe, hier empfindliche Zweifel anzumelden. Im Innern der Sterne sollen unter unvorstellbar hohen Temperaturen Kernfusionsprozesse ablaufen.

Zum einen sind Kernfusionen generell physikalisch kaum zureichend verstanden worden, und zum andern, wichtiger noch, bewegen wir uns hier prinzipiell in einer Zone jenseits jeder nur möglichen Nachprüfbarkeit oder Verifizierbarkeit. Die physikalische Struktur des Sterninnern, der sogenannte Sternaufbau, ist grundsätzlich unbeobachtbar; das gilt auch für den Aufbau der Planeten und damit der Erde. Alle Aussagen, die hier gemacht werden können, sind modellabhängig, sind niemals zirkelfrei empirisch zu stützen. Und diese Modelle, in deren Rahmen nun die allein der Beobachtung zugänglichen Phänomene interpretiert werden, sind hochgradig spekulativ. Auch aufwendige Computersimulationen ändern daran nichts, so suggestiv diese auch erscheinen.

Jeder kritische Geologe weiß, dass es kein wirklich gesichertes und zirkelfreies Wissen über den Aufbau der Erde gibt und, nach Lage der Dinge, auch geben kann. Jeder kritische „Planetologe" weiß, dass alle Vorstellungen über den inneren Aufbau der Planeten, streng genommen, auf Vermutungen beruhen. Es ist seltsam, aber zugleich durchaus folgerichtig und aufschlussreich für das Verständnis der kollektiven Psyche, dass die physikalische Kosmologie im „Hauptstrom" der Wissenschaft längst alle erkenntnistheoretischen Zweifel und Skrupel abgeschüttelt hat und vollmundig von der Sonne und den „Fixsternen", ihrer Dichte, ihren inneren und äußeren Temperaturen, ihrer Entstehung und ihrem Ende und vielem mehr redet, als sprächen die Forscher aus einer intimen Kenntnis des Weltgeistes heraus, als seien sie „dabei gewesen", als der Weltenbaumeister am Werke war, dem man nun gleichsam wohlwollend und kumpelhaft auf die Schulter klopft. Die physikalische Kosmologie hat den Menschen zum Quasi-Nichts degradiert, das sich nun, vielleicht um die eigene Erbärmlichkeit überhaupt zu ertragen, zum Quasi-Gott aufspielt. Der hochmütigtumbe Jargon verrät das (Goethe, „Faust", „Prolog im Himmel"):

„*Der kleine Gott der Welt bleibt stets von gleichem Schlag, Und ist so wunderlich als wie am ersten Tag.*"

Die meisten Überlegungen zur Herkunft des kosmischen Lichtes und damit zur physikalischen Struktur der Sterne sind zirkelhaft gebaut. In einer wirklich vorurteilsfreien erkenntniskritischen Betrachtung (die die meisten Wissenschaftler gar nicht interessiert) lässt sich zeigen, dass substantiell und zirkelfrei gar kein Wissen vorliegt, sondern purer Glaube, mit quasi-religiösen Zügen und knallharter Dogmatik. Am sogenannten Standardmodell der Sonne hängt die gesamte physikalische Kosmologie, hängen alle Überlegungen über das Universum als Ganzes, hängt die gesamte „science-fiction" dieser Art. Denn wenn das Fundament auf Fiktionen oder Mythen ruht (so Hamprecht, Kirchhoff und wenige andere), kann alles daraus Abgeleitete nur buchstäblich „science-fiction" sein.

Kritik am Standardmodell

Dabei ist das Standardmodell längst und in heftiger Form krisengeschüttelt, auch wenn die breite Öffentlichkeit davon wenig erfährt. Nicht nur die berühmte Neutrinofrage ist gänzlich ungelöst (zu wenige von den rätselhaften Dingern gehen den Physiker ins technische Netz, siehe hierzu „Neutrino oder der Logarithmus der Zahl Null" in dieser Ausgabe). Eine wirklich befriedigende Erklärung der behaupteten differenziellen Rotation der Sonne gibt es genauso wenig wie eine solche der Sonnenflecken (siehe hierzu „Die unerforschten Sonnendüsen" in dieser Ausgabe). Eine Abhängigkeit der Sonnenflecken von den Planeten, insbesondere von den Riesen Jupiter und Saturn, lässt sich empirisch-phänomenologisch aufweisen; die Mainstream-Physiker ignorieren diese Belege oder spielen sie herunter, und dies aus gutem Grund: Im Standardmodell und den es stützenden Überlegungen/Fiktionen kann dieser Zusammenhang nicht verständlich gemacht werden, man müsste weitreichende Zusatzannahmen einführen. Die von Johanna König herausgearbeiteten Zusammenhänge von Sonnenflecken und Erdbeben (siehe raum&zeit Nr. 94 „Sonnenflecken und Erdbeben" und raum&zeit Nr. 102 „Flugzeugabstürze durch Sonnenflecken?") sind mit meiner Hypothese der radialenergetischen Wechselwirkungen zwischen Sonne und Erde zu erklären.[5] Das gilt auch für die bei der Sonnenfinsternis am 11. August 1999 verschiedentlich beobachtete (plötzliche und unerwartete) Richtungsänderung von Foucault'schen Pendeln, für die die Schulphysik keine Deutung parat hat.

Der Mythos vom Sonnenlicht

Dass der beglückend dauerhafte und gleichmäßige Lichtstrom, den wir als „Sonnenlicht" empfangen, durch die Vorstellung einer glühenden, wabernden Gaskugel und die damit verbundenen Modellvorstellungen über die abgegebene Strahlungsenergie zureichend erklärt wäre, lässt sich auch bei wohlwollender Betrachtung kaum ernsthaft behaupten. Die meisten nehmen die Sonnenofen-Fiktion ohnehin ungeprüft als Tatsache, auch wenn ein Unbehagen selbst bei Physikern gelegentlich aufscheint, – ein Unbehagen allerdings, das nur privat oder in kleinem Kreis artikuliert wird. Groß ist die Angst, wirklich gegen den Strom zu schwimmen, wirklich anders zu denken und sich, gegebenenfalls, lächerlich zu machen. Die Angst davor, sich lächerlich zu machen und als jemand zu erscheinen, der die „gesicherten Fakten" anzweifelt, sitzt tief und wirkt lähmend, ja neurotisierend. Der herbe Wind, der einem entgegenbläst, wenn man nicht nur kosmetische, sondern substanzielle Kritik am Herrschenden vorträgt, Kritik an den „basics", den (meist undurchschauten) Fundamenten, ist direkt proportional der Reichweite und Tiefe dieser Kritik. Von einer bestimmten Tiefe ab hört auch der Wind auf, dann wird es still, gespenstisch still, und man ist umgeben von eisigem Schweigen. Als langjährig Erfahrener auf diesem Terrain weiß ich, wovon ich rede. Als „agent provocateur" mit rhetorischem Unterhaltungswert, der nur kosmetische Korrekturen einfordert (der Großteil der Einstein-Kritik ist Kosmetik), kann man sogar auf öffentlichen Foren der Mainstream-Naturwissenschaft „Erfolg haben!" Geht man wirklich „ans Eingemachte", hört der Spaß auf.

Nun gilt gerade die Sonnenofen-Phantasmagorie nicht als ernsthaft umzustürzende Hypothese, man glaubt sich da – seltsam genug – auf sicherem Boden. Erklärbar ist dies nur durch das, was ich den methodischen Geozentrismus nenne. Carl Friedrich von Weizsäcker spricht einmal von dem „methodischen Atheismus" der Physik, das heißt der einzelne Physiker kann an Gott glauben und sein Wirken in der Welt voraussetzen, methodisch jedoch darf dies keinen Einfluss haben auf sein Forschen. Die Dinge dieser Welt, und das ganze Universum wird zu „dieser Welt" gerechnet, sollen und müssen – so das Credo der neuzeitlichen Naturwissenschaft überhaupt – „immanent" erklärt werden; transzendente, göttliche oder quasi-göttliche Prinzipien sind nicht zugelassen, auch wenn gerade diese bei Phänomenen wie dem kosmischen Licht, der Gravitation und der Gestirnbewegung immer nahegelegen haben (und natürlich auch nie widerlegt werden können).

Seit Newton irdische und himmlische Mechanik zur Einheit zu zwingen versuchte und damit epochalen Erfolg hatte (entsprach es doch dem zunehmend platzgreifenden „Flachland-Bewusstsein") und seit die Spektralanalyse zum wichtigsten Werkzeug wurde, um aus der Analyse des kosmischen Lichtes das Universum und den materiellen Aufbau der fernen Himmelskörper zu verstehen, war kein Raum mehr für höhere und subtilere Wirkprinzipien jenseits des irdischen Dunstkreises und der irdischen Physik. Irdische Physik = kosmische Physik. Diese Gleichung ist das herrschende Dogma seit rund 150 Jahren; in der Grundrichtung war sie es schon vorher, schon in der „Newtonschen Mechanik". Der Als-ob-Charakter dieser Gleichung geriet zunehmend aus dem Blickfeld. Oder, abgeschwächt, der hypothetische Wenn-dann-Charakter. Wenn man davon ausgeht, dass das hier auf der Erdoberfläche oder in deren Nähe wissenschaftlich Erschließbare/Beschreibbare mehr oder weniger genau so auch im gesamten Universum gilt, ohne dass geheimnisvolle Wirkprinzipien jenseits davon „dort draußen" walten, muss man das Sonnenlicht mit einem extrem heißen Körper in Verbindung bringen; die Sonne muss dann, spielt man das konsequent durch, eine selbstleuchtende, extrem heiße Gaskugel sein.

Josef Stefan und Ludwig Boltzmann hatten zweifelsfrei nachgewiesen, dass die Temperatur eines Körpers auch die von ihm ausgehende Strahlungssumme bestimmt. Heute wird die von der Sonne kommende Strahlung, mit Hilfe von Satelliten, präzise quantifiziert, und so lässt sich – im Sinne der Grundgleichung der Naturwissenschaft, des methodischen Geozentrismus – nun folgern, dass die Sonnenoberfläche eine bestimmte, berechenbare Energiemenge abgibt. Gemäss dem sogenannten Stefan-Boltzmann-Gesetz, das empirisch für die Erdoberfläche gut gestützt ist, muss dann die ungestörte Sonnenoberfläche eine Temperatur von ca. 5.500 Grad Celsius aufweisen. Auch mit dem sogenannten Wienschen Verschiebungsgesetz kommt man auf eine ähnliche Temperatur. Der Physiker Wilhelm Wien fand heraus, dass die Temperatur eines strahlenden Körpers auch die Wellenlänge festlegt, bei der seine maximale Abstrahlung stattfindet. Mit der Temperatur verschieben sich die Intensitätsmaxima der Abstrahlung. Man kann dann, wenn die Wellenlänge bekannt ist, bei der ein Körper die stärkste Strahlung abgibt, seine Temperatur erschließen. Die sogenannte Photosphäre der Sonne hat ihr Strahlungsmaximum bei ca. 470 Nanometern Wellenlänge; das entspricht dem blaugrünen Bereich des Regenbogenspektrums, usw.

Kosmisches Licht entsteht durch Wechselwirkungen

In meinem Buch „Räume, Dimensionen, Weltmodelle" bzw. durch die dort ausgefaltete Radialfeldhypothese ist diesen und allen ähnlichen Schlussfolgerungen der Boden entzogen worden, natürlich nur dann, wenn ich – wenigstens im Grundansatz – Recht haben sollte. Ich verkünde kein Dogma, sondern stelle eine Hypothese vor, die allerdings einhergeht mit einem fundamentalen Umbau unseres gesamten Denkens über das Universum und unserer Stellung in ihm. Nach meiner Überzeugung entsteht das kosmische Licht erst in der Wechselwirkung der von den Gestirnen ausgestrahlten primordialen (ursprünglichen) Energien, der Radialfelder, von denen die Mainstream-Physik nichts weiß, wobei diese Felder unvorstellbar subtil und differenziert, zugleich aber „wuchtig" gegeneinander wirken, ineinander greifen und wechselwirkend Zustandsänderungen auslösen. Nur diese Zustandsänderungen sind der Empirie im naturwissenschaftlichen Verständnis zugänglich, die Verstrahlungsfelder – als sie selbst – dagegen nicht.

Damit sind wir in eine Zone gelangt, in der sich Physik und Metaphysik berühren. Berührungen oder gar Durchdringungen dieser Art sind immer heikel, vor allem dann, wenn sie undurchschaut bleiben. Viele Naturwissenschaftler geben sich gerne „metaphysikfrei", pochen auf die empirische Evidenz ihrer Hypothesen, so als sei diese zweifelsfrei und zirkelfrei gegeben. Letzteres ist gleichwohl nie der Fall, kann strukturell gar nicht der Fall sein. Jede denkbare Physik basiert auf metaphysischen Voraussetzungen; eine „metaphysikfreie" Naturwissenschaft ist ein Phantasma, letztlich pure Ideologie. Die naivsten Ideologen sind die Materialisten, die sich auf sicherem Boden wähnen und häufig genug vertiefteres Denken überhaupt für entbehrlich erachten.

Verstrahlung aus dem Gestirnkern

Meine Zentralhypothese, die des Radialfeldes, der primordialen (zentralsymmetrischen) Verstrahlung aus dem Gestirnkern, ist eine bewusste und erkenntniskritisch wohl reflektierte Setzung, eine metaphysische Prämisse, deren Tragfähigkeit allein aus der Fülle und Breite ihrer Anwendungen abgeleitet werden kann. Obwohl ich meine Zentralhypothese einer breiteren Öffentlichkeit zum wiederholten Male präsentiert habe, am ausführlichsten in „Räume, Dimensionen, Weltmodelle", in Grundzügen auch in dieser Zeitschrift (siehe Quellen: „Der Mensch, der Raum und die Schwerkraft") und an der Humboldt-Universität, möchte ich sie noch einmal umreißen. Mein Versuch, das kosmische Licht zu verstehen, basiert auf dieser Hypothese, die ihrerseits aus dem Bemühen erwachsen ist, die naturphilosophischen/kosmologischen Gedanken Giordano Brunos und Helmut Friedrich Krauses („Der Baustoff der Welt") „weiterzudenken".

Alle als kugelförmig erkennbaren Himmelskörper verstrahlen aus ihrem innersten Kern durch Materiezerfall freiwerdende Raumenergie (primordiale Energie, Radialenergie) in „reiner Form", das heißt wellenlos bzw. mit quasi-unendlich kleiner Wellenlänge. Diese Raumenergiefelder oder Radialfelder sind die energiereichste Strahlung im Universum; sie bilden ein radiales (zentralsymmetrisches) Feld gemäss dem reziproken Quadratgesetz: $1/r^2$. Für die Radialenergie ist die gesamte Materie durchsichtig, sie durchschlägt auch die dichteste Materiepackung wie ein Schaumgebilde. In der Anziehungskraft auf der Gestirnoberfläche spüren wir diese Strahlung, die den weltraumüberbrückenden und alles durchdringenden Charakter der Gravitation verständlich machen kann. Mit Annäherung an den Gestirnkern wächst die Dichte der Materie gemäß der Radialität des Feldes. Jedes Gestirn baut sich fest auf und, gemessen an den in den Sternen oder „Sonnen" unterstellten (rein fiktiven) Temperaturen, auch „kalt". Glühende Gasbälle gibt es nicht. Alle bisherigen Überlegungen zum Aufbau der Gestirne sind revisionsbedürftig.

Sonnen verstrahlen Radialenergien

Der von mir angenommene Materiezerfall im inneren Kern der Gestirne hat nichts zu tun mit den sogenannten Kernfusionsprozessen, die für die „Sonnen" fingiert werden. Die „Sonnen" verstrahlen kein Licht, keine Wärme, sondern Radialenergien. Erst in der unvorstellbar differenzierten Wechselwirkung der Gestirnfelder entstehen wellenförmige Schwingungen, u. a. als Licht, aber auch Aufsplitterungen zu Teilchen und Verwirbelungen vielfältigster Art, im Makrokosmos und im Mikrokosmos. Alle Gravitationswellen entstammen diesen Wechselwirkungen der von den Himmelskörpern verstrahlten Grund- und Urenergien, die in der „reinen Form" den Weltenraum mit quasi-unendlicher Geschwindigkeit durcheilen.

Die Radialenergien sind der gesuchte Lichtäther, das subtile Trägermedium der transversalen Wellenbewegungen. Licht ist eine Variable. Wie „schnell" zum Beispiel das Licht auf dem Sirius oder in dessen Nähe ist, können wir nicht wissen; die dortige „Größe c" müsste aus den Wechselwirkungen des Sirius-Radialfeldes mit den umliegenden „Sonnen" resultieren. Darüber können wir keine empirisch gesicherte Aussage machen. Überhaupt schränken die Radialfelder der Gestirne und ihre quasi-unendlich vielfältigen Zustandsänderungen und Wechselwirkungen unsere Erkenntnismöglichkeiten der physikalischen Verhältnisse weit außerhalb der

Erde (und auch tief im Erdinnern) erheblich ein. Wir werden, wenn man es so nennen will, zu größerer Bescheidenheit angehalten. Das Extrapolieren nach bekanntem Muster ist nicht mehr möglich. Unser kosmischer Standort – die Erdoberfläche und deren Nähe (im weiteren Sinne) – ist nicht „absolut", das heißt im üblichen physikalischen Verständnis zu „exportieren". Dieser gedankliche „Export", der in naiver Form ständig vorgenommen wird, ist im Kern geozentrisch (s. o.) und damit auch „vorkopernikanisch"; er überspringt die aus den Radialfeldern herührende kosmische Relativität unseres Standortes.

Das wiederum hat zu tun mit (in meiner Sicht) falschen Grundannahmen über die physisch-sinnliche Wirklichkeit überhaupt. Diese ist nicht so gegeben, wie der naive Realismus unterstellt; auch die leistungsstärksten Mikroskope und Fernrohre, im Grunde sämtliche technischen Apparate, hebeln diesen naiven Realismus nicht aus, der da sagt: Was ich hier messe und beobachte, gilt überall. Dagegen sage ich: Wir sind, im kosmischen Sinne, gleichsam standortgeschädigt; mit dem üblichen Instrumentarium ist diese „Standortschädigung" nicht aufzuheben, die uns die „kosmische Brille" des Radialfeldes auferlegt.

Das lässt sich schon an den bekannten Spekulationen über den Aufbau der Erde zeigen. Im Innern der Erde soll es feuerflüssiges Magma geben; jeder Vulkanausbruch zeigt das, so glaubt man, auf direkte und nicht zu bezweifelnde Weise. Ich habe begründete Einwände dagegen. Bekanntlich ist der Aggregatszustand der Materie aus dem Wechselspiel von jeweils vorherrschendem Druck und atomaren Bewegungsvorgängen abzuleiten. Werden diese beschleunigt, muss der Druck erhöht werden, um etwa den festen Zustand der Materie aufrechtzuerhalten. Wird also die Wärmeenergiezufuhr und die damit korrelierte atomare Bewegungsgeschwindigkeit nicht durch entsprechend höheren Druck ausgeglichen, so verflüssigt sich die Materie. Analoges vollzieht sich beim Übergang vom flüssigen in den gasförmigen Zustand.

Nach der Radialfeld-Hypothese ist die Verstrahlung aus dem Gestirnkern bestimmend für die jeweils vorliegenden Schmelz- und Siedepunkte, die von der Energiefelddichte abhängig sind. Gestirne bauen sich fest und „kalt" auf (im Gestirninnern gibt es unvorstellbare Materiedichten). Schießt nun feste Materie aus tieferen Erdschichten und damit höherer Strahlungsdichte nach oben, bedingt durch die Spannungen der Erdschichten im Tag-Nacht-Rhythmus („Last" nachts, „Entlastung" tagsüber), so können sich die Schwingungsrhythmen der Materie im Mikrobereich nicht sofort der nun schwächeren Intensität oder geringeren Felddichte anpassen (dem verminderten Druck); es gibt eine trägheitsbedingte Verzögerung, das heißt die atomare Bewegungsgeschwindigkeit bleibt zunächst weitgehend gleich. Daraus folgt, dass der geringere Druck in größerer Ferne vom Erdkern nun nicht mehr ausreicht, um den festen Aggregatszustand zu erhalten; die feste Materie schmilzt.

Die Relativität des Lichtes

Das Beispiel ist aufschlussreich für die Frage der Relativität des Standortes im umfassenden Sinne. Begreift man diese Relativität nicht (die mit der Einsteinschen nichts zu tun hat), wird man immer versucht sein, das hier und jetzt Gemessene als Grundlage zu nehmen für das universell Gültige. Das geht meines Erachtens nur in einem äußerst eingeschränkten Maß. Von meiner Radialfeld-Theorie aus betrachtet und gewertet, sind alle Weltallvorstellungen, die sich auf die Analyse des kosmischen Lichtes stützen, falsch, sofern nicht der relative und variable Charakter dieses Lichtes berücksichtigt wird.

Wir sehen zum Beispiel den Sirius keineswegs so, wie er vor 8,8 Jahren „aussah", weil das Siriuslicht 8,8 Jahre gebraucht hat, um zu uns zu gelangen (der Sirius soll 8,8 Lichtjahre von uns entfernt sein), sondern mehr oder weniger so, wie er jetzt „aussieht". Die Radialenergie des Sirius durchquert den kosmischen Raum mit quasi-unendlicher Geschwindigkeit; das visuelle Bild des Sirius (wenn „Bild" das richtige Wort ist für diesen leuchtenden Punkt) entsteht in der Wechselwirkung des Radialfeldes der Erde – mit vielfältigen Überlagerungen durch das erheblich stärkere und „ausgreifendere" Feld der Sonne – mit dem des Sirius. Hinzu kommen natürlich die jeweils reflektierten Raumenergien/Radialenergien. Jedes der Großgestirne ist ein gewaltiger „Sender" (der Raumenergie/Radialenergie in den umliegenden Weltraum verströmt) und zugleich ein gigantischer „Empfänger" oder Reflektor der auf ihn treffenden Radialfelder unzähliger Gestirne. Jede Reflexion ist mit Wandlungen und Zustandsänderungen verbunden, die sich jeder denkbaren physikalischen Erfassung entziehen. Mit dem Instrumentarium der Spektralanalyse des kosmischen Lichtes jedenfalls ist wenig auszurichten.

Überall die uns bekannten Elemente? Wir ordnen den registrierbaren Linienspektren nach Maßgabe unserer irdischen Empirie bestimmte Elemente zu. Doch was wir registrieren und messen und zuordnen (zuordnen können), sind lediglich Zustandsänderungen der jeweils beteiligten Radialfelder. Diese Zustandsänderungen sind abhängig von der Stärke unseres eigenen Feldes, des Sonnen-Radialfeldes (mit den angedeuteten Überlagerungseffekten) und des Feldes/der Felder oder der Feldänderungen im kosmischen Beobachtungsraum.

Tod und Wiedergeburt der Sterne

Unseren (radialenergetisch bedingten) „Zeit- und Raumwinkel" im kosmischen Raum können wir empirisch-direkt grundsätzlich nicht überspringen, zumal auch die Radialfelder in ihrer Intensität Veränderungen unterliegen. Die Himmelskörper, die ich für große Lebewesen halte: („Überall ist Gaia!"), altern und „sterben" schließlich, lösen sich auf in das grenzenlose Meer der Raumenergie/Radialenergie, dem sie entstammen. Aus den Auflösungsprozessen entstehen neue Gestirne. Die alternden Großlebewesen, die wir vordergründig als „Sterne" bezeichnen, weisen eine sinkende Intensität ihrer Radialfelder auf.

Mit dieser sinkenden Intensität schwächen sich auch

alle Wechselwirkungen mit der kosmischen Umwelteinstrahlung ab, was sich für einen Beobachter als Schwächerwerden des kosmischen Gesichtskreises auswirkt. Wo die Raumenergieverstrahlung schwächer wird, zeigen sich die kosmischen Objekte von einer bestimmten Entfernung ab, spektralanalytisch betrachtet, als „rotverschoben". Je weiter die Objekte entfernt sind, um so stärker ist die „Rötung" des jeweils registrierten kosmischen Lichtes. Mit einer tatsächlichen Fluchtbewegung hat dies nichts zu tun. Die Wertung der scheinbaren Flucht kosmischer Objekte als eine reale stellt buchstäblich alles auf den Kopf. Es entsteht auf ganzer Front eine „verkehrte Welt", die aber in sich, weil zirkelhaft gebaut, „logisch" sein kann. Ähnlich „logisch" und zirkelhaft war auch die Bauart des antiken/mittelalterlichen Geozentrismus mit seinem komplizierten Epizykelmodell. Die moderne physikalische Kosmologie ist aus meiner Sicht nur ein ins Großräumige ausgeweitetes Epizykelmodell der anderen Art. Zirkelfrei gegebene Werte, auf denen sich zuverlässig aufbauen lässt, gibt es nur wenige. Alle Dichte- und „Masse"-Werte der Gestirne basieren auf Zirkelschlüssen. Wenn die trostlose Flachlandwelt der blind umeinander herumfallenden Körper, und zwar nach Maßgabe der bloß mechanischen Prinzipien von Masse und Trägheit, für den Weltraum generell Gültigkeit hätte und damit auch die kosmischen Lebewesen, die kugelförmigen Gestirne, nichts weiter wären als solche im Prinzip toten, berechenbaren Materieballungen, dann – und nur dann – wären die bekannten Zirkelschlüsse legitim (etwa der Schluss von Größe und Bewegung auf die Dichte eines Planeten). Für die sinkende Radialverstrahlung der Erde gibt es viele Indizien: das Schwächerwerden des Magnetfeldes, das Abrücken des Mondes, die Verlängerung des Tages (Verlangsamung der Erdrotation), die „Materiezerbröckelung" in der sogenannten Radioaktivität (der radialenergetisch bedingte Zusammenhalt der Materie wird geringer) und vieles mehr. Hinzu kommt die scheinbare Flucht der Galaxien, das Schwinden des kosmischen Gesichtsfeldes, also das, was als „Expansion des Raumes" Karriere gemacht hat.

Das Bild des toten Weltalls

Die grundstürzend neue und andere Erklärung des kosmischen Lichtes einschließlich des für alle Lebensvorgänge bestimmenden „Sonnenlichtes" führt ins Zentrum eines kollektiven Tabus, eines Tabus, das so tief sitzt, sich so eng verbunden hat mit dem herrschenden Bewusstsein, dass es schwer fällt, hier zu einer nicht von Vorurteilen umnebelten, zu einer erkenntniskritischen und nüchternen Betrachtung zu gelangen. Suggestive Zirkelschlüsse, unterlegt mit mathematischen Formalismen, bestimmen hier in weiten Strecken das Terrain. Mag es gelegentlich Widerstand oder Zweifel geben, die meisten, so scheint es, haben sich wohnlich eingerichtet in dieser monströsen Welt glühender Gaskugeln in Räumen eisiger, lebensfeindlicher Leere, innerhalb derer der belebte Planet Erde oasenhaft wirkt. Hier ist Leben, „da draußen" herrscht Wüste: Das ist das Credo. Dass es da und dort auch andere Oasen des Lebens geben könnte, fällt demgegenüber kaum ins Gewicht und ändert nichts an dem Gesamtbild eines überwiegend toten Universums. Es bedarf keiner allzu gro-ßen Phantasie, um dieses Gesamtbild als das zu erken-nen, was es ist: eine projektive Phantasie, der Tagtraum einer Bewusstseinsverfassung, die drauf und dran ist, den Planeten Erde endgültig zu verwüsten. Das mono-tone und monochrome Bild des Weltalls, das uns die physikalische Kosmologie als Wissenschaft offeriert, ist weniger dies als „Glaubenschaft". Grundsätzlich bewe-gen wir uns hier im Bereich des Glaubens. Keine einzige der Universalaussagen der Physiker und Astronomen über das Universum ist wirklich empirisch gestützt und kann auch nur empirisch gestützt sein. Die herrschende Deutung des kosmischen Lichtes kann in der Grund-richtung entkräftet werden; mit dieser Entkräftung, die naturgemäß keine Punkt-für-Punkt-Widerlegung sein kann, wird eine öffnende und befreiende Denkbewe-gung vollzogen, die zentral auf das Mensch-Kosmos-Verhältnis zielt und dieses auf eine neue Grundlage stellt. Es ist eine Illusion anzunehmen, man könne „sub-jektfrei" über das Universum nachdenken bzw. Theori-en und Konzepte entwickeln, die die Mensch-Kosmos-Frage, wie sie sich in unserem Bewusstsein darstellt, unberührt lässt. Meine „Kritik der reinen kosmologi-schen Vernunft", wie ich in Anlehnung an Kant sage, berührt die Fundamente, die meist undurchschauten Prämissen, u. a. jene des bereits genannten methodi-schen Geozentrismus. Es ist seltsam, dass dieser Geo-zentrismus, der ja eine Verallgemeinerung von der Erd-oberfläche auf das Universum überhaupt darstellt, in einem entscheidenden Punkt gerade nicht vollzogen wurde, wo er doch nahegelegen hätte: in der Existenz organischen und intelligenten Lebens. Wenn schon verallgemeinert wird, und ohne einen gewissen Grad an Verallgemeinerung gibt es keine Wissenschaft, dann wäre es doch vernünftig gewesen, Gestirne grundsätzlich für Träger hochgeordneten Lebens zu halten, jedenfalls in einer bestimmten Phase ihrer Entwicklung. Dann wäre die Erde, auch in diesem Sinne, ein „typisches Gestirn". Dieser gedankliche Schritt ist aber nicht vollzogen worden. Richtungsmäßig ist die herrschende Naturwissenschaft immer vom Toten und Abstrakten als dem Primären und Grundlegenden ausgegangen; dieses – und nicht das Leben – wurde gedanklich verallgemeinert.

Zwar ist auch auf der Erdoberfläche nie wirklich beobachtet worden, wie sich Lebendiges aus Totem entwickelt, aber es wird vorausgesetzt, dass dies dennoch so geschieht oder geschehen ist. So auch im Universum. Die überwiegend tote Leere des Alls, in der superheiße Gaskugeln schweben, ergibt sich fast zwangsläufig, wenn man das Tote und Abstrakte als das Primäre setzt und wenn man die Phänomene der kosmischen Umwelt nach Maßgabe der sogenannten Naturgesetze auf der Erdoberfläche oder in deren Nähe deutet. Dann ist auch der Sirius nur mehr oder weniger, wissenschaftlich gesehen, „Nachbars Garten". Man hat den Erden-Garten abstrakt vermessen. Warum soll der Sirius-Garten anders sein? Warum soll es in dem kosmischen Raum zwischen Erde und Sirius Wirkfaktoren geben, die eine tiefere Ebene berühren als das uns erreichende „Sirius-Licht" und von denen aus dieses „Sirius-Licht" nur ein Epiphänomen oder Sekundärphänomen ist? Genau dies ist es aber, wenn meine Radialfeld-Hypothese zutreffend ist. Dann ist sowohl das „Sirius-Licht" als auch das „Sonnen-Licht" (unser irdisches Tageslicht) kein Primärphänomen, dann kann eine Analyse des kosmischen Lichtes nach bekanntem Muster nicht als Grundlage genommen werden für die Bestimmung der physikalischen oder chemischen Struktur der Himmelskörper.

Die Lichtgeschwindigkeit, die auf der Erdoberfläche messbar ist, müsste übrigens, wenn meine Prämisse stimmt, dass das „Sonnenlicht" aus dem Gegeneinander und Ineinanderwirken der Radialfelder von Erde und Sonne entsteht (und nicht direkt von der Sonne ausgeht), mit dem Einstrahlungswinkel variieren. Dieser wiederum ist von der Tageszeit und vom Breitengrad abhängig. Das Tropenlicht ist „langsamer" als das Licht auf der Höhe von Berlin (zugleich „energieärmer"). Das „energiereichste" und zugleich „schnellste" Licht müsste in den Polarregionen anzutreffen sein.

Neue Erklärungen
durch „Umwertung" des kosmischen Lichtes

Die Frage des extraterrestrischen Lebens, die uns alle berührt, erfährt durch die vollzogene „Umwertung" des kosmischen Lichtes eine völlig neuartige Dimension. Auch der Begriff „Naturgesetz" wird damit umgewertet bzw. grundstürzend relativiert. Keines der uns physikalisch zugänglichen Phänomene auf der Erdoberfläche und in deren Nähe (auch der Mond gehört zu dieser Nähe) ist geeignet, als ein primäres und grundlegendes herangezogen zu werden, um von dort aus die Welt im Ganzen zu erklären. Damit weitet sich der geistige Radius. Das Monotone und Monochrome schwindet, und ein ganz anderes Universum wird „dahinter" erahnbar, ein Universum von unvorstellbarer Fülle und Vielgestaltigkeit, von brodelndem Leben und durchwaltet von einer Intelligenz, die die irdisch angemaßte dürftig und eng erscheinen lässt. In der Tiefe unseres Bewusstseins haben wir dieses Universum nie vergessen und auch nie verlassen; wir können es schlechterdings gar nicht verlassen. Wir wurzeln in ihm, wir sind es ...

Der Blick der Astronauten

Abschließend zu diesen Reflexionen über das kosmische Licht möchte ich einen kurzen Blick werfen auf die Phänomenologie der „Astronautik". Hier müsste, so kann vermutet werden, sich etwas zeigen von dem von mir angenommenen Charakter des kosmischen Lichtes. Was haben die „Astronauten" auf der Reise zum Mond (bzw. zurück zur Erde) und auf dem Mond selbst wahrgenommen? Auf den bekannten Photos der Erde vom Mond aus sind keine Sterne zu erkennen. Der kosmische Raum um die in der Ferne schwebende Erde wirkt völlig schwarz. Warum eigentlich? Natürlich muss man hier unterscheiden zwischen dem tatsächlich Wahrgenommenen und dem photographisch Festgehaltenen; beides ist nicht deckungsgleich. Man hätte, in der Mainstream-Sicht, erwarten müssen, dass vom Mond aus ein strahlender Sternenhimmel zu sehen ist, auch wenn natürlich das atmosphärisch bedingte Flimmern (die sogenannte Szintillation) wegfällt. Außerhalb der Erdatmosphäre wirkt die Sonne, der nächstgelegene Stern, wie ein stecknadelkopfgrosser, gleißender Strahler. Und die anderen Sterne? M. Collins, zur Apollo-11-Mission gehörig, behauptete dagegen, der Himmel um den Mond sei „voller Sterne"; „er sieht aus wie nachts auf der Erde." „Jetzt können wir wieder Sterne sehen und zum erstenmal auf der Reise Sternbilder erkennen." [6] Auf den Fotos jedenfalls ist nichts davon zu sehen, warum sollte Collins aber etwas behauptet haben, was nicht seiner realen Wahrnehmung entsprach? Collins sah, eigenen Angaben zufolge, zwischen Erde und Mond keine Sterne oder Sternbilder.

Ganz anderes dagegen berichtet E. Mitchell, bezogen auf die Apollo-14-Mission:

> *„Im Weltraum kann man mit bloßem Auge etwa zehnmal mehr Sterne sehen als auf der Erde, weil keine Atmosphäre da ist. Auch sind vertraute Objekte ungefähr zehnmal heller. Vor dem kalten und schwarzen Hintergrund scheinen Sterne und Planeten zu glühen. Man bekommt den Eindruck, im Kosmos eingehüllt zu sein, wenn man um sich herum das prächtige stille Glitzern der Milchstrasse und der Galaxien jenseits davon sieht."* [7]

So führt diese Art der Phänomenologie nicht wirklich weiter. Widersprüchliches tritt zutage, das vorerst nicht aufgelöst werden kann.

Auf dem Rückflug zur Erde erfährt Mitchell eine ihn erschütternde „Ekstase der Einheit" (so wörtlich).

> *„Ich sah nicht nur die Verbundenheit, ich fühlte sie, und ich erlebte sie durch Empfindungen. Ich war*

überwältigt von dem Gefühl meiner körperlichen und geistigen Ausdehnung in den Kosmos hinein."

Und auch dies wird deutlich: Er habe, so schreibt er, mit einem Male erkannt,

„dass das Universum nicht so beschaffen ist, wie man mich gelehrt hatte". [8]

Für eine kurze Phase erfasst ihn die bestürzende Gewissheit, dass er sich in einem rundum lebendigen, einem dialogischen und ihm in der Tiefe verbundenen Universum befindet, – einem Universum, von dem die „Schulwissenschaft" nichts weiß. Auch das ist Phänomenologie, diesmal die des Bewusstseins. Diese, adäquat verstanden, „führt weiter". Die kosmische Verbundenheit, die Mitchell „da draußen" durchströmte, kann auch auf der Erdoberfläche erfahren werden. Sie ist keine „schwärmerische Zutat" zu dem trockenen und nüchternen Geschäft der Naturwissenschaft, sondern die Achse oder die Basis jeder ernst zu nehmenden und in diesem Sinne ganzheitlichen kosmischen Betrachtung. Ohne diese gelebte kosmische Verbundenheit bleibt alles Theoretisieren über das Weltall vergebens, bleibt bloßer „Wortkram".

* * *

„Die subjektiven Innenräume
der Menschen sind fast völlig
kolonisiert worden
von den ‚Experten‘,
die die Leitbahnen vorgeben,
entlang derer überhaupt
gedacht werden darf.
Motto: ‚Du weisst nichts,
der Experte weiss alles!‘“

Licht der Natur – Licht des Geistes (II)

Gedanken zur Phänomenologie des Lichtes und der Farben – Plädoyer zur Verlebendigung der Naturwissenschaften.

Der Berliner Philosoph und Dozent Jochen Kirchhoff gehört zu den sensiblen, wachen und unruhigen Geistern, die seit langem erkennen, wie lebensfeindlich und letztlich menschenverachtend die moderne Naturwissenschaft, und hier insbesondere die Physik, ist. Am Beispiel der Phänomene Licht und Farben führt er uns auf seine unnachahmlich scharfsinnige Weise vor Augen, wie kläglich hier die Erklärungsversuche der orthodoxen Physik sind. Gleichzeitig zeigt er uns, wie viel unglaublich faszinierender seine Vorstellungen von einem beseelten Licht sind, das als immer während göttliche Gnade erst in uns entsteht, ehe es wahrgenommen werden kann. Kirchhoff verwirft mit diesem Beitrag wieder einmal sämtliche Glaubensgrundsätze der etablierten Wissenschaft. Sein Plädoyer für die Verlebendigung der Naturwissenschaften setzt an der empfindlichsten Stelle der herrschenden Wissenschaftslehren an: an deren Behauptung, es gäbe so etwas wie eine objektive Wissenschaft. Sie ist so subjektiv wie alles, was von

Menschen gemacht wird, es sei denn, Wissenschaftler wären keine Menschen. Doch das wird niemand behaupten wollen. Folgen Sie Jochen Kirchhoff zum Licht:

Ein Grashalm widerlegt die Kosmologen

In einer abendlichen „Expertenrunde" im ZDF vor einigen Jahren, die der physikalischen Kosmologie gewidmet war, wurde auch die Frage aufgeworfen, ob das Universum, wie es sich dem wissenschaftlichen Blick heute darstellt, auf eine höhere Intelligenz oder eine göttliche Instanz (einen Schöpfer) schließen lasse. Fragen dieser Art werden heute in Kosmologenkreisen gerne behandelt, und stets spielt hierbei der ominöse Urknall eine zentrale Rolle, der meist als genauso selbstverständlich vorausgesetzt wird wie das Standardmodell der Sonne, also das, das ich die „Sonnenofen-Fiktion" nenne. Einer der Diskutanten, dessen Name mir entfallen ist, vertrat rhetorisch geschickt eine These, die dem Sinne nach und in freier Paraphrase wie folgt lautete:

Das Universum der physikalischen Kosmologie kann nicht als das Werk einer höheren Intelligenz oder einer göttlichen Schöpferkraft angesehen werden, weil der enorme Aufwand, der erforderlich ist, um höher organisiertes Leben hervorzubringen (und auf dieses müsste es ja der Schöpfer abgesehen haben), monströs und zutiefst unökonomisch erscheint. Kurzformel: Das hätte ein wirklich intelligentes Wesen erheblich besser machen können! Wozu die unzähligen heißen Himmelskörper, nur um irgendwann und irgendwo ein bewohnbares Gestirn wie die Erde hervorzubringen?

Das Argument entbehrt nicht einer gewissen Logik, außerdem enthält es eine Pointe, die den meisten entgangen sein dürfte: Würde das Weltall wirklich, auch nur in groben Linien, so beschaffen sein, wie uns dies durch die physikalische Kosmologie nahe gebracht wird, dann wäre es in der Tat schwierig, hier so etwas wie eine höhere, eine schöpferische Intelligenz zu unterstellen. Dann ist kaum ernsthaft zu begreifen, wie auch nur ein Grashalm zustande kommt, von höher organisiertem Leben zu schweigen, weil die Bauart oder Grundstruktur des Ganzen eindeutig lebensfeindlich ist. Um Leben dennoch unterzubringen in dieser kosmischen Wüste, muss der Universalfaktor „Zufall" ins große Spiel eingeführt werden, und zwar als „Deus ex Machina", als blinder „Macher", der immer dann auf die Bühne springt, wenn alle sonstigen Erklärungen versagen. Von dem Philosophen Immanuel Kant stammt das Wort, er könne sich durchaus vorstellen, wie Gestirne entstehen, vor der Entstehung eines Grashalms dagegen versage sein Vorstellungsvermögen. Die Aussage wirft kein schmeichelhaftes Licht auf den berühmten Denker; sie stammt aus der Lebensepoche Kants, in der er sich auf den Spuren Newtons um die physikalische Kosmologie bemühte. Viele Physiker und Kosmologen, wenn sie denn ehrlich genug wären, dies zuzugeben, könnten sich ähnlich äußern wie seinerzeit Kant.

Um auf die „Expertenrunde" zurückzukommen: Ich meine gute Gründe dafür zu haben, um der kosmischen Intelligenz (wie immer diese vorzustellen ist) „zuzutrauen", dass sie die „Lichtfrage" im Universum anders, d. h. sinnvoller und einfacher gelöst hat, als uns die herrschende Astrophysik glauben machen will. Davon war im ersten Teil des Essays die Rede. Wer sich der Mühe unterzogen hat, das vorurteilsfrei mitzudenken, dem könnten die rundum tönernen Füße des Kolosses mit dem Namen „physikalische Kosmologie" nicht verborgen bleiben. Zumindest könnte sich der Verdacht einstellen, dass die allseits akzeptierte Überzeugung von der Herkunft des kosmischen Lichtes aus superheißen Gaskugeln ein Konstrukt ist, sicher eine Denkmöglichkeit, die man mathematisch durchspielen kann, die aber dennoch empirisch schlecht gestützt ist. Dass wir hier eine Tabuzone betreten, ist bereits gesagt worden.

Nach meiner Überzeugung verstrahlen die „Sonnen" (jetzt ganz bewusst in Anführungszeichen) auf direkte Weise weder Licht noch Wärme; kosmisches Licht, so auch das irdische Tageslicht, entsteht erst in der Wechselwirkung der primordialen (ursprünglichen), aus den Gestirnkernen verstrahlenden Raumenergien/Radialenergien. Die Gestirne müssten sich, wenn die Prämisse stimmt, fest und „kalt" aufbauen. Die Physiker fahnden nach der „kalten dunklen Materie" – hier ist sie, in den Himmelskörpern selbst, nur auf eine Art, wie sie mit den am Standardmodell orientierten Überlegungen nicht zu erklären ist. Sollte ich Recht haben, müssten sämtliche Modellvorstellungen grundstürzend revidiert werden. Da diese Modellvorstellungen aber integral zu jener Bewusstseinsformation gehören, die heute global herrscht, ist diese Grundlagenrevision „heikel" und wohl nicht ohne eine Art Kulturrevolution (wenn dieser Begriff gestattet ist) zu haben.

„Kosmisches Bedürfnis" und „Entzauberung des Himmels"

Menschen – dies habe ich immer wieder erfahren – haben ein elementares „kosmisches Bedürfnis"; sie brauchen den Kosmos, und zwar den Kosmos im altgriechischen Sinne des Wortes: als übergreifende, sinnstiftende Ordnung des Ganzen, die ihnen ihren existentiellen Ort zuweist. Wird ihnen, wie es heute für Unzählige geschieht, dieser kosmische Ort zerschlagen, so dass sie gezwungen sind, die eigene Lebenswelt abzukoppeln von der lebensfeindlichen Himmelswüste „da oben", so werden sie in ihrer Substanz beschädigt. Die enorme Popularität der Astrologie ist wohl nur aus dem kosmischen-existentiellen Vakuum heraus zu verstehen, das sich in der menschlichen Psyche auftut, wenn sie gleichsam ihr Heimatrecht im Universum verliert. Und dass genau dies geschieht in der Folge der kompletten „Entzauberung des Himmels", die der naturwissenschaftliche/kosmologische Reduktionismus betreibt, tritt offen genug zutage. Diese „Entzauberung" war zugleich eine generalstabsmäßig ins Werk gesetzte Verflachung und Banalisierung, die, rätselhaft genug, von den meisten hingenommen wurde, obwohl eigentlich jeder Wimpernschlag unserer lebendigen Existenz Widerspruch dagegen einlegt.

Zu den wichtigsten Schlussfolgerungen, die sich aus meiner Radialfeld-Hypothese und den aus ihr abgeleiteten Gedanken über den Ursprung des kosmischen Lichtes ergeben, gehört die Vorstellung der All-Lebendigkeit des Universums, die keine poetische oder mystische ist, sondern eine solche, die sich in konsequenten Denkschritten im Rahmen einer richtig verstandenen Kosmo-Logik entwickeln lässt. Wenn die glühenden Gaskugeln als projektives Phantasma erkannt oder, milder formuliert, schlicht entbehrlich werden, dann vertieft sich der Vorstellungs- und Denkhorizont auf dramatische Weise. Wir befinden uns plötzlich in einer „ganz anderen Welt"; und der Blick „nach oben", ob ins nächtliche Firmament oder zum gleißend hellen Tagesgestirn, bekommt eine andere Qualität. Ein neuer Blick tut sich auf und ein neues Angeblicktwerden! Viele kennen das Gefühl, auch wenn es selten öffentlich eingestanden wird, aus dem Kosmos heraus angeblickt zu werden, und zwar nicht nur metaphorisch oder im Sinne des Als-Ob, sondern „buchstäblich". Das verschiebt die Koordination des kosmosfernen Alltagsbewusstseins. Einige der „Astronauten" haben etwas davon erfahren, am eindringlichsten vielleicht E. Mitchell, wie seine Aussagen belegen (von mir zitiert am Ende des ersten Teils).

Im Licht sind auf eine nur schwer fassbare Weise innen und außen miteinander verschwistert, und man könnte gar vermuten, dass das „innere Licht" und das „äußere Licht" sich gar nicht streng voneinander trennen lassen. Analoges gilt auch für die Farben, die gleichfalls außen und innen zugleich sind. Und es gilt für den Raum, der ja als er selbst der sinnlichen Wahrnehmung entgleitet. Ist der Raum, in den wir eingetaucht sind und den wir nie verlassen (können), eher innen oder eher außen? Viele haben das vage Gefühl, dass sich diese Frage nicht letztgültig beantworten lässt. Und bereits das ist ein aufschlussreiches Symptom, zugleich ein Fingerzeig, wie man in das Mysterium des Raumes eintauchen kann. Der Zusammenhang von Raum und Licht lässt sich schon aus ganz elementaren optischen Beobachtungen und Überlegungen ableiten.

Einsteins Licht-Metaphysik

Die Frage nach dem inneren und dem äußeren Licht lässt sich auch als die Frage nach dem Verhältnis von Licht-Physik und Licht-Metaphysik verständlich machen. An den (widerlegbaren) Postulaten der speziellen Relativitätstheorie ist dies beispielhaft ablesbar. Einsteins seltsame Verbindung von Licht-Absolutismus und Raum-Zeit-Relativismus basiert im Kern auf einer Licht-Metaphysik, die in wohlwollender Deutung als „neuplatonische Philosophie" bezeichnet werden kann. Einstein setzt das Licht absolut, macht es zur metaphysischen Welt-Konstituente, von der alle anderen Weltfaktoren abhängen, so auch Raum und Zeit. In der speziellen Relativitätstheorie, die wegen ihres zirkelhaften Baus nicht im Handstreichverfahren auszuhebeln ist, wird das Licht, obwohl es sich ständig bewegt, gleichsam festgefroren, während zugleich das Gefüge von Raum und Zeit sich mit der Bewegung verändert und als Raum-Zeit-Variable sich dem absoluten Herrschaftsanspruch des Lichtes zu unterwerfen hat. Logisch und physikalisch entsteht so eine bedenkliche Konstruktion, die bei Einstein-Jüngern eine nicht nachlassende Begeisterung auslöst. Einstein-Kritiker aber unterschätzen meist die Suggestivkraft dieser Konstruktion und vor allem den Anteil, den die Licht-Metaphysik daran hat.

Es gibt in vielen Menschen, quer durch alle Kulturen,

ein Ahnen, dass das Tages- oder Sonnenlicht „nicht von dieser Welt allein" ist, sondern dass sich hinter oder in ihm ein anderes, höheres Licht verbirgt, dass das „physische Licht" überhaupt erst zu dem macht, was es ist und wie es auf uns wirkt. Zuweilen wird das Licht, das die Dinge zur Sichtbarkeit bringt, also das uns vertraute Licht, das in der Sonne seinen Ursprung zu haben scheint, direkt gleichgesetzt mit dem metaphysischen Licht; dann verweist das Tageslicht nicht nur auf das Göttliche, sondern es ist das Göttliche. So haben es die neuplatonischen Philosophen gesehen, und obwohl man kaum sagen kann, dass Einstein das Sonnenlicht nun zur Gottheit verklärt, so lässt sich doch feststellen, dass Einsteins Insistieren auf der rundum absoluten Qualität des Lichtes dieses zu etwas Quasi-Göttlichem macht, dessen Majestät die physikalisch fassbare Welt in Raum und Zeit durchdringt und beherrscht.

So hat Einstein, um es formelhaft zu vereinfachen, das äußere Licht mit den Qualitäten des inneren oder metaphysischen Lichtes belehnt. Mit diesem Kunstgriff hat er enorme Breitenwirkung erzielt. Und auch die staunenswerte Karriere der Formel $E = mc^2$ lässt sich mit dieser „Belehnung" in Verbindung bringen.[2] In der Regel schenken Einstein-Kritiker den metaphysischen Aspekten des Lichtes und deren Anteil an der Wirkungsgeschichte der speziellen Relativitätstheorie keinerlei Aufmerksamkeit. Ich halte das für eine bedauerliche Blickverengung, die aber bezeichnend ist für den Reduktionismus, der fast generell herrscht, aber gerade am Licht kläglich gescheitert ist (wie übrigens auch an der Gravitation, die bislang jedem Reduktionismus getrotzt hat, ungeachtet aller Teilerfolge).

Wer das Licht adäquat verstehen will, muss das reduktionistische Werkzeug – das Messen, Rechnen und technische Experimentieren – zwar nicht gänzlich beiseite legen, aber er sollte es behutsam und sensibel anwenden. Leider ist dies selten zu beobachten, und zwar in allen Lagern. Wenn der Begriff „ganzheitlich" nicht durch inflationären Gebrauch abgeflacht und vernutzt wäre, ließe sich sagen: Das Licht ist ein Phänomen, das sich nur einer ganzheitlichen Zugangsweise, wenn überhaupt, erschließt. Und zu dieser Ganzheitlichkeit des Lichtes gehören neben den physikalischen auch metaphysische (spirituelle), phänomenologische und ästhetische Aspekte. Diese „zusätzlichen" Aspekte sind nicht abzutrennen; sie schwingen immer mit in der physikalischen Betrachtung, sind deren integraler, unablösbarer Teil. Sie repräsentieren die Bewusstseinsseite des Lichtes und haben, umfassend verstanden, etwas mit dem inneren Licht zu tun. Es war ein fataler Gedankenschritt Einsteins, das Licht der Physik mit dem „Licht der Metaphysik" zu belehnen und damit das Relative zum Absoluten zu machen.

Die physikalisch zugängliche Weltebene ist offenbar grundsätzlich und durchgängig eine „relative Welt", innerhalb derer kein Einzelphänomen – und sei es das sublimste, das Licht – das Etikett „absolut" verdient. Hier ist eine Grenze, die die Physik nicht ungestraft überschreiten kann.[3] Genau diese Grenzüberschreitung geschieht jedoch ständig und führt meist zu heilloser Konfusion. Die Radialfelder der Gestirne sind in meiner Naturphilosophie/Kosmologie – als sie selbst – nicht mit dem Instrumentarium der Physik zu erfassen, sie sind allein aus ihren Wirkungen bzw. Wechselwirkungen in ihrem Wesen erschließbar.

Der Lichtäther als physikalische
und metaphysische Herausforderung

Als Trägermedium des Lichtes sind sie mit großer Wahrscheinlichkeit der gesuchte Äther, der damit – anders als in den meisten Äthertheorien vor und nach Einstein – eine höhere Qualität gewinnt bzw. Eine höhere Ebene der Wirklichkeit anzeigt. Die physikalisch großartige und empirisch gut gestützte Wellentheorie des Lichtes war immer unbefriedigend, weil sie die entscheidende Frage unbeantwortet lassen musste: Wie gelangt die im Licht manifestierte Energie von einem Punkt zum anderen? Bei einer (materiellen) Saite etwa ist dies leicht zu erklären: Die Energie, die durch das Anzupfen entsteht, wird jeweils an den nächsten oszillierenden Saitenabschnitt weitergegeben. Die Lichtwellen sind keine Anregungen einer irgendwie erkennbaren Saite; was also transportiert sie durch den Raum hinweg mit dieser doch enormen Geschwindigkeit und in unvorstellbar schneller Oszillation?

Der Lichtäther müsste fester und elastischer als Stahl, zugleich aber völlig durchlässig sein. Kein Stoff der physikalischen Welt besitzt diese Eigenschaften. Die Vor-Einsteinsche Physik war hier in einen Grenzbereich gelangt, der – richtig verstanden – geeignet gewesen wäre, das physikalische Denken überhaupt auf eine subtilere Grundlage zu stellen. Das ist nicht erfolgt. Die gewaltsame Lösung der Ätherfrage durch Einstein war ein Ausweichen vor der Herausforderung, vor der die

Physik stand. Auch die meisten Nach-Einsteinschen Äthertheorien sind dieser Herausforderung ausgewichen, die nicht nur eine physikalische war, sondern zugleich eine metaphysische oder gar spirituelle.

Licht als antigravitativer Impuls

Zu den rätselhaftesten Wirkungen des Tageslichtes gehört sein im Wortsinn „erhebender" Charakter, seine gegen die Schwere gerichtete Wirkungsform, die auch den Wachen-Schlafen-Rhythmus prägt. Wir fühlen uns im Tageslicht „entlastet"; das Licht, so scheint es, mindert die Gravitation. Die Schwerkraft zieht oder drückt uns nach unten, Richtung Erdmittelpunkt, sie wirkt kontrahierend, zusammenballend; das Licht dagegen löst eine Art Bewegungsimpuls in uns aus, der auf die kosmische Umwelt zielt, es „erhebt" uns, wirkt weitend und entgrenzend. Die meisten höher organisierten Lebewesen haben einen elementaren Drang „nach oben" und damit zum Licht, hinein in den „Lichtraum". In der Mainstream-Sicht ist „da oben" eher lebens- und bewusstseinsfeindliche Leere. In meiner Sicht ist das Gegenteil der Fall: Wir stehen unaufhörlich in einer uns von allen Seiten umgebenden Bewusstseinsstrahlung, in der offenbar auch die Formimpulse wurzeln, die alles Lebendige bestimmen. Die Oben-unten-Polarität der menschlichen Gestalt, genauso wie die der Blumen und Bäume, manifestiert etwas von dem polaren Wechselspiel von gravitativer Bewegung (Richtung Erdmittelpunkt) und antigravitativer Bewegung („zur Sonne hin", „in den Kosmos hinein").

Warum schlafen wir?

Warum schlafen Lebewesen oberhalb der Ebene der Fische? Die reduktionistische Naturwissenschaft hat keine Antwort darauf. Nach meiner Überzeugung ist Gravitation die unmittelbarste Wirkung der aus dem Gestirnkern radial verstrahlenden primordialen (ursprünglichen) Energien, die wellenlos und mit quasi-unendlicher Geschwindigkeit den Weltraum durchmessen. Das im wuchtigen Gegeneinanderwirken der Radialenergien/Raumenergien entstehende Licht (Tageslicht, Sonnenlicht) als transversale Wellenbewegung im raumenergetischen Medium vermindert die Schwerewirkung der Radialverstrahlung. Auf der der Sonne zugewandten Seite der Erdoberfläche sind alle Dinge minimal leichter als auf der ihr entgegengesetzten Seite. Mit dem gleitend-kontinuierlichen Sonnenlauf verschieben sich die schwerevermindernden Wirkungen, die folglich zu jeder Tageszeit und auf jedem Breitengrad, in Relation zum Jahreslauf, andere sind. Die abendliche Müdigkeit ist eine der Auswirkungen der sich wieder „verdichtenden" Kernverstrahlung. Beim Hochstand der Sonne ist die „auflockernde" und damit schwerevermindernde Form des Feldes am größten. Am leichtesten sind alle Körper in der Tropensonne, wenn die Sonne betäubend und für Organismen kaum erträglich in ihrer Kraft senkrecht auf sie „herabstrahlt". (Dann ist das Licht übrigens am langsamsten, seine Wellenlänge am größten.)

Das tönende Licht

Der Sonnenaufgang ist für alle Wesen auf der Erdoberfläche ein kosmisches Elementarereignis. Ähnliches gilt für den Sonnenuntergang und den Punkt des Tagesbogens, wenn die Sonne ihren höchsten Stand erreicht hat, der sich für Lebewesen mit einer gewissen Verzögerung auswirkt (gemäß dem Gesetz der „Verzögerung der Extreme"). Zu Beginn von Faust II schildert Goethe einen Sonnenaufgang in poetisch großartigen und zugleich phänomenologisch präzisen Bildern. Dieser Aufgang des Tagesgestirns, eben das genannte „kosmische Elementarereignis", vollzieht sich auch klanglich:

„Tönend wird für Geistesohren
schon der neue Tag geboren."

Und dies ist keineswegs nur poetisch-metaphorisch zu bewerten. Licht hat immer etwas mit Klang zu tun – und auch mit Bewusstsein. Damit sind wir auf einer Ebene, die den naturwissenschaftlichen Diskurs auf grundsätzliche Weise überschreitet, jedenfalls soweit er sich reduktionistisch gibt (und das ist meistens der Fall).

Es ist gerade heute besonders schwer, sich einen offenen und unverkrampften Blick zu bewahren für die Phänomenologie der eigenen Wahrnehmung. Menschen, die sich bis in ihr sogenanntes Privatleben hinein bestimmen lassen vom Herrschaftsanspruch einer reduktionistischen Naturwissenschaft, haben jedes Vertrauen verloren für die ihnen unmittelbar zugänglichen Phänomene ihres eigenen Bewusstseins. Diese Phänomene werden meist, ganz „mainstreammäßig", abgekoppelt von dem, was kollektiv und öffentlich als verbindlich gilt. So irrt der Einzelne oft hilf- und orientierungslos umher, und allzu viele haben sich ihr Eigenstes und Lebendigstes gleichsam abkaufen lassen bzw. an die „Experten" delegiert, die ihnen sagen, wer sie sind und was sie sind und vor allem, was allgemein, weil „wissenschaftlich erwiesen", als verbindlich gilt und was eben nur „privat" und daher unverbindlich ist. Die subjektiven Innenräume der Menschen sind fast völlig kolonisiert worden von den „Experten", die die Leitbahnen vorgeben, entlang derer überhaupt gedacht werden darf. (Motto: „Du weißt nichts, der Experte weiß alles!")

Licht und Wirklichkeit

Gerade beim Licht ist dies besonders lähmend, weil unser aller Inder-Welt-Sein oder Auf-der Erde-Sein ja immer auch heißt: Im-Licht-Sein. Und zwar außen und innen. Das Licht der Natur und das Licht des Geistes „greifen ineinander" und wirken zusammen, um die lebendige Ganzheit unserer Tag-für-Tag-Erfahrung zu ermöglichen, die sich bis heute dem naturwissenschaftlichen Zugriff zu entziehen wusste (und dies auch weiterhin tun wird). Die Phänomenologie unserer schlichten Tag-für-Tag-Erfahrung, von der Leibempfindung bis zu der komplexen und in sich konsistenten Welt, die uns die Sinne vermitteln, ist ein großes Mysterium geblieben. Niemand hat, um ein Beispiel zu geben, auch nur die blasseste Vorstellung davon, was Farben sind oder wie sich ihre Wahrnehmung naturwissenschaftlich oder neurophysiologisch ableiten lässt. Die Sinnenwelt, so wird uns von „Experten" versichert, soll nur „im Kopf" sein; wir sollen nicht wirklich in die uns umgebende Welt hinausgreifen, wenn wir die Blicke nach außen richten, sondern nur in eine zerebral produzierte Scheinwelt. Jeder Blick, ob ausgesendet oder empfangen, widerlegt diese Behauptung. Mag die Sinnenwelt in einem höheren und sublimeren Verständnis eine Scheinwelt sein als in dem der Neurophysiologie, empirisch-phänomenologisch ist sie wirklich, das heißt unhintergehbar. Auch der sezierende, der reduktionistische Verstand sitzt auf einem lebendigen Leib, der ihn ermöglicht und trägt, und zwar ohne Unterlass. Jeder analytische Schnitt in die lebendige Natur setzt die Gesamtheit dieser lebendigen Natur voraus. Der Mensch, in seiner Leiblichkeit (im umfassenden Sinne), ist diese lebendige Natur, zu der die beglückende Ganzheit der unendlich vielfältigen Phänomenologie des Lichtes gehört. Es gibt kein abstraktes „Metalicht", mittels dessen sich das Licht wie von außen beobachten und „einkreisen" ließe. Wir stehen immer im Licht, wie sehr wir uns auch hineinphantasieren mögen in eine lichtferne und tödlich abstrakte Zone.

Himmelsblau und Abendrot

Wie ist das mit dem Himmelsblau und dem Abendrot (um zwei der allgemeinsten Farbphänomene herauszugreifen)? Warum ist der Himmel blau? Warum ist die untergehende Sonne rot? Die Warum-Frage im naturwissenschaftlichen Sinne zielt auf die kausale Herleitung des Phänomens unter größtmöglicher Ausschaltung der subjektiven Komponente". Zunächst lässt sich prinzipiell bezweifeln, ob eine derart „subjektfreie" oder „subjektblinde" Herleitung überhaupt als Erklärung gelten kann, auch wenn wir diese nur, mit Hermann von Helmholtz als die Zurückführung eines Phänomens auf die letzten in ihm wirksamen Naturkräfte werten. Im Fall der Farben ist schon dies eigentlich unmöglich. Farben – als sie selbst – sind grundsätzlich nicht objektivierbar, genauso wenig sind sie „nur" subjektive Qualitäten. Die Farben (Goethe ahnte das) sind ein Schlüssel zu vielen ansonsten verborgenen Kammern der Natur.

In einer Monographie über das Licht aus der Feder eines Mainstream-Physikers heißt es:

„Wenn eine Lichtwelle auf ein Teilchen trifft, das kleiner als seine Wellenlänge ist, dann wird … ein Großteil seiner Energie in alle erdenklichen Richtungen gestreut. Es kommt also auf die Wellenlänge an. Die Streuung von blauem Licht ist zehnmal so stark wie die von rotem. Wenn sich ein Sonnenstrahl, der alle Farben enthält, hoch über der Erde fortbewegt, wird er von den Luftmolekülen gestreut. Seitwärts zu seiner Bewegungsrichtung wird blaues Licht abgegeben, davon ein Großteil nach unten. Wir blicken empor und sehen einen Himmel, der mit Blau gefüllt ist, während auf dem Mond der Himmel schwarz ist, da es dort keine Luft gibt. Der gleiche Vorgang erklärt, warum die Welt bei Sonnenuntergang rot aussieht. Am Ende des Tages müssen die Strahlen der niedrig stehenden Sonne einen längeren Weg durch die Atmosphäre zurücklegen als am Mittag. Dabei verlieren sie ständig

blaue Photonen und nehmen folglich in direkter Blick-
richtungen eine deutlich rötliche Färbung an." [4]

Ist dies eine zureichende Erklärung für das Himmelsblau und das Abendrot? Selbst wenn man den hier auf-
gezeigten Streueffekt als Kausalfaktor gelten lässt, un-
bekümmert um möglicherweise tiefere Kausalfaktoren
(etwa Wirbeleffekte), so haben wir günstigenfalls so
etwas wie die formale Beschreibung einer Ursache-Wir-
kung-Kette auf der Ebene des objektivierbaren Korre-
lats der beiden Farbphänomene. Das Himmelsblau
selbst und das Abendrot selbst sind damit nicht einmal
zart berührt. Sie liegen auf einer anderen Wirklichkeits-
ebene. Und das ist keine erkenntniskritische Spitzfin-
digkeit, sondern nüchterne Phänomenologie, wie sich
argumentativ entwickeln lässt.

Die Farben sind nicht im Licht

Schon der sogenannte Sonnenstrahl ist eine Fiktion.
Noch niemals hat jemand einen Sonnenstrahl im eigentlichen Sinne gesehen. Und dass dieser Sonnenstrahl
auch noch alle Farben enthalten soll, ist eine weitere
und nun wirklich kühne Fiktion, im Grunde ein Phantasma. An dieser Stelle ist der Phänomenologe Goethe
nie widerlegt worden. Unermüdlich hat er betont, dass
das weiße Licht keine Farben enthält. Das Tageslicht
„enthält" allenfalls die physikalisch fassbaren oder
messbaren Korrelate, denen unser Auge dann bestimmte Farben zuordnet. (Theoretisch könnten es beliebig
andere Farben sein, also wirklich qualitativ und damit

unvorstellbar von den uns vertrauten verschiedene.) Wenn Farben sich unter bestimmten Bedingungen manifestieren, so sind diese Bedingungen in strenger phänomenologischer Betrachtung nicht einfach auszuschalten und die Farben nun im Tageslicht selbst anzusiedeln. – Und das „blaue Photon" ist gleichfalls eine Fiktion. Photonen selbst sind niemals zweifelsfrei oder zirkelfrei als „real existierende Lichtkügelchen" nachgewiesen worden, so sehr sie uns auch helfen, etwa Absorptions- oder Emissionsphänomene quantitativ zu beschreiben. Dies wird selbst von Quantenphysikern gelegentlich zugegeben.[5] Und nun gar „*blaue* Photonen"! Damit sind wir vollends im Geisterreich der abstrakten Fiktionen. Viele scheinen sich hier eher zu Hause zu fühlen als in der wirklichen Welt der lebendigen Phänomene.

In der Einleitung zur „Farbenlehre" schreibt Goethe (und das gilt damals wie heute):

> *„Deswegen finden wir, dass die Menschen lieber durch eine allgemeine theoretische Ansicht, durch irgendeine Erklärungsart die Phänomene beiseite bringen, anstatt sich die Mühe zu geben, das Einzelne kennen zu lernen und ein Ganzes zu erbauen."* [6]

Der unbekannte Ort der Farben

„Wo ist das Himmelsblau? Wo ist das Abendrot?" „Da oben", wie der naive Realismus annimmt, oder „nur im Kopf", wie uns die Neurophysiologie versichert? Oder in einer bislang unerklärten und unverstandenen „Zwischenzone", einer Mischung aus beiden Orten? Fragen dieser Art lassen sich für Farbphänomene generell stellen. Auch nur den Versuch zu machen, sie adäquat zu beantworten, führt schnell zu dem Ergebnis, dass wir uns hier auf einem sublimen Terrain bewegen, dessen „Topographie" sich allen groben Zugriffen entzieht. Die Wo-Frage lässt sich nicht physikalisch oder mathematisch beantworten. Die Farben haben keinen Ort, auf den sich mit dem Finger zeigen und der sich koordinatenmäßig festlegen ließe, obwohl es in der Regel einen Ort im dreidimensionalen Anschauungsraum gibt, an dem sie aufscheinen. Der phänomenologische „Ort" der Farben ist ein anderer (vielleicht auch höherer) als der Ort, den die Physik kennt und abstrakt beschreibt. Farben sind grundsätzlich keine abstrakten Größen, sondern lebendige seelische Wirklichkeiten, die eingebettet sind in Atmosphären (= Psycho-Atmosphären), die uns ganzheitlich umschließen und durchdringen. Jeder weiß das auch, und zwar jenseits seiner „subjektiven Befindlichkeiten".

Dass zum Beispiel die Farbe Blau einen Bewegungsimpuls von uns weg, Rot dagegen einen solchen auf uns zu hat, gehört zu den phänomenologischen Wirklichkeiten, die jederzeit erlebbar sind. Die blauen Wände eines Innenraumes scheinen uns zu fliehen, der Raum wirkt größer, während die roten Wände gleichsam aggressiv zu uns hin drängen, – der Raum wirkt kleiner, als er wirklich ist. Damit sind zwei elementare Qualitäten von Blau und Rot angesprochen, die „Gebärden" zu nennen, wie es die Anthroposophen tun, vielleicht sinnvoll ist. In Goethes Farbenlehre finden sich viele Hinweise zur Gebärdensprache der Farben, primär im Zusammenhang mit dem, was Goethe als „sinnlich-sittliche Wirkung" der Farben bezeichnet. Vereinfacht gesagt, sind Farben für Goethe durchlichtetes Dunkel oder abgedunkeltes Licht; sie entstehen dort, wo Licht auf Finsternis stößt bzw. beide sich durchdringen oder überlagern. In der „Farbenlehre" heißt es:

> „Die Sonne, durch einen gewissen Grad von Dünsten gesehen, zeigt sich mit gelblicher Scheibe. Oft ist die Mitte noch blendend gelb, wenn sich die Ränder schon rot zeigen. (...) Morgen- und Abendröte entstehen aus derselben Ursache. Die Sonne wird durch eine Röte verkündigt, indem sie durch eine größere Masse von Dünsten zu uns strahlt. Wird die Finsternis des unendlichen Raumes durch atmosphärische, vom Tageslicht erleuchtete Dünste hindurch angesehen, so erscheint die blaue Farbe." [7]

Der vergessene Leib

Welchen Erklärungswert diese Art Phänomenologie aufweist, auch und gerade im Vergleich mit der Sicht der herrschenden Physik, hängt davon ab, welche Erklärungsprinzipien wir als zulässig erachten und welche nicht. Erklärung und bloße Beschreibung sind oft schwer voneinander zu trennen. Vieles, was als Erklärung ausgegeben wird, ist nur formale Phänomenbeschreibung, übrigens auch bei Goethe. Eine wirklich ganzheitlich verstandene Phänomenologie müsste die „Subjektseite" und die „Objektseite" zusammenführen bzw. auf einer höheren Ebene integrieren. Sie müsste das in die Sprache bringen, was ohnehin ständig und unreflektiert der Fall ist. Durch unser leibliches In-der-Welt-Sein leben wir unausgesetzt diese höhere Stufe, auch wenn der analytische Verstand bemüht ist, die Lebenswelt vollständig „einzuebnen", ihr jede Tiefe zu rauben und damit alles Innen zum Außen zu machen. Alles soll Außenwelt werden. Das ist das große Ziel des wissenschaftlichen Reduktionismus, der jedoch, in erkenntniskritischer Betrachtung, unhaltbar ist, weil er ständig voraussetzt und auch voraussetzen muss, was die Basis seiner Bemühungen darstellt: eben unser leibliches In-der-Welt-Sein. Dieses aber entzieht sich grundsätzlich und seinem Wesen nach dem „kalten Draufblicken". Es hat immer schon alle Subjekt-Objekt-Spaltung hinter sich oder unter sich gelassen. Gerade am Licht und an den Farben lässt sich dies beispielhaft zeigen.

Die beste mir bekannte Definition des Reduktionismus gibt der Kieler Philosoph und Phänomenologe Hermann Schmitz in seinem Buch „Der Leib, der Raum und die Gefühle":

„Der Reduktionismus besteht in der Abschleifung der Außenwelt schlechthin – das heißt der Außenwelt nach Abzug aller Innenwelten – bis auf wenige Klassen besonders leicht ... identifizierbarer, manipulierbarer und quantifizierbarer Merkmale, die an der Oberfläche fester Körper abgelesen werden können und noch heute die gesamte Abstraktionsbasis der Physik bilden; nach Aristoteles und Demokrit handelt es sich um Größe, Gestalt, Zahl, Ruhe, Bewegung, Lage und Anordnung, die später sogenannten primären Sinnesqualitäten. (...) Situationen ... und Atmosphären werden zerschlagen;

ihre Bedeutsamkeit ... wird subjektiviert. (...) Der spürbare Leib wird ganz vergessen oder, wenn man Restbestände wie den Schmerz nicht vergessen kann, in einen Zustand des sezierbaren Körpers ... aufgelöst." [8]

Der Zirkelschluss des Reduktionismus besteht darin, dass derjenige, der die „Abschleifung der Außenwelt" vornimmt, sich selbst als mehr oder weniger intakte Leib-Seele-Geist-Gestalt nicht mit abschleifen kann, sondern sich „herausnimmt" und als leibfreies Zuschauersubjekt imaginiert (was eine pure Fiktion ist).

Goethe weitergedacht

Einen bemerkenswerten Versuch, Goethe weiterzuführen und die auch in der Farbenlehre noch über weite Strecken dominierende „Objektseite" zu überschreiten, macht der Physiker Bodo Hamprecht, der wohl beste Kenner der goetheschen Farbenlehre heute. In einem Aufsatz zur Farbenlehre schreibt er:

„Das Rot der untergehenden Sonne wird gerade von jenem Licht bewirkt, welches sich gegen die Finsternis, die atmosphärischen Trübungen, hat durchsetzen können und trotz aller Hindernisse zu uns gelangte. Es ist ein ‚Trotzdem'-Licht. Die rote Farbe ist angemessen. Ein Übermaß an Finsternis wird vom Licht beherrscht. (...) Auch das Himmelsblau ist angemessen. Ohne die Luft, die hier die Rolle der Finsternis zu übernehmen hat, wäre der Himmel schwarz. In die-

sem Sinne haben wir das Himmelsblau der Aktivität der Finsternis zu verdanken. Hier hat sie sich durchgesetzt, denn was vom blauen Himmel herabscheint, liegt nicht mehr in der Ausstrahlungsrichtung des Sonnenlichtes. Die Finsternis gibt den Ton, das heißt die Richtung an. Aber nicht wie beim Rot haben wir es mit einer aggressiven Gebärde zu tun: das Licht wird gleichsam von der Luft hereingeholt und aufgenommen, ganz der Gebärde der Finsternis und der blauen Farbe entsprechend ... Die Natur verstellt sich also nicht. Sie sieht so aus, wie sie wirklich ist. Die Farben treten in der Seele mit denselben Eigenschaften auf, wie draußen in der äußeren Natur. Was über Lichtstreuung und -absorption auf molekularer Ebene zu sagen ist, sollte auch unter diese Perspektive gerückt werden und nicht umgekehrt." [9]

Dass damit Himmelsblau und Abendrot umfassend erklärt worden wären, lässt sich nicht ernsthaft behaupten, aber eine Richtung wird erkennbar, die es sich zu verfolgen lohnt und die wohl einzig Erfolg versprechend ist, wenn es darum geht, die Spaltung in eine subjektive Innenwelt und eine objektive Außenwelt zu überwinden. Diese Spaltung ist drauf und dran, uns restlos zu ruinieren, und sie ist eine der wichtigsten Ursachen der ökologischen Krise. Eine vollgültige „Psychophysik" aus konsequent phänomenologischer Sicht, die beiden Seiten, der subjektiven wie der objektiven, gerecht wird, steht noch aus und ist sicher eine der großen Aufgaben einer zukünftigen Naturphilosophie des Lichtes und der Farben.

Wie viele Farben hat der Regenbogen?

Auf der Insel Bali hörte ich einmal einen Deutschen zu einem anderen folgenden Satz sagen (wobei ich ansonsten nichts von dem Gespräch gehört hatte, mir also jeder Kontext fehlte):

> *„Es ist eigenartig, dass der Regenbogen hier auf Bali wirklich sieben Farben hat, während er in Deutschland nur fünf Farben hat."*

Dieser Satz hat mich aufmerken lassen. Zunächst war mir völlig unklar, auf welche Erfahrungen er sich bezog (ich habe auf Bali keinen Regenbogen gesehen). Aber das erschien mir sekundär. Wichtiger war mir – und ist mir – die Frage nach der Zahl der Regenbogenfarben und darüber hinaus die nach der Zahl der Grundfarben überhaupt, die als abgrenzbare Qualitäten unserem Auge zugänglich sind. Andere Farben als die Grundfarben und deren komplexe Mischungen können wir uns nicht vorstellen, aber viele haben glaubwürdig berichtet, dass sie in Grenzzuständen des Bewusstseins qualitativ andere Farben gesehen haben.

Wir geben die Zahl der Regenbogenfarben gemeinhin mit sieben an; in asiatischen Kulturen war über große Zeiträume hinweg von einem fünffarbigen Regenbogen die Rede, so etwa im Taoismus. Aristoteles kennt nur drei Regenbogenfarben: Rot, Grün und Violett. Und auch die germanische „Edda" spricht nur von drei Farben des Himmelsbogens.[10] Die Farben gehen ineinander über und lassen sich nicht trennscharf voneinander abgrenzen. Eine grobe Dreiteilung der vorherrschenden

Farbtöne ist deutlich erkennbar; schwieriger ist die Entscheidung, ob man zwischen Violett und Blau noch ein weiteres Blau (Indigo) ausmachen kann. Meistens wird Indigo als eigene Regenbogenfarbe gezählt. Analoges gilt für die Farbe Orange.

Es wären Augen vorstellbar, die neun oder elf oder 24 als Farben abgrenzbare Abstufungen im irdischen Regenbogen erblicken. Diese neun oder elf oder 24 Farben könnten entweder Mischungen sein aus den uns zugänglichen und vertrauten Kernfarben oder aber – völlig andere Farben. Das ist schon angeklungen. Außerdem könnten jene Frequenzen bzw. Wellenlängen, die wir dem infraroten oder ultravioletten Bereich zuordnen, von bestimmten Augen als Farben wahrgenommen werden, die unser Vorstellungsvermögen überfordern.

Physik und Metaphysik des Regenbogens

Der Regenbogen hat die Menschen seit je fasziniert. Tritt sein zartes und zugleich machtvolles Halbrund in der ganzen Leuchtkraft seiner Farben, ob auf freier Flur oder in den Bergen, in die Wahrnehmung, kann sich selbst im modernen Profanbewusstsein eine leise Irritation regen, eine Anflutung gleichsam aus einer höheren Ordnung der Dinge, die aber meist schnell dem vermeintlichen Wissen weicht, hier ein „nur" physikalisches Phänomen vor Augen zu haben. Irritierend ist „des bunten Bogens Wechseldauer" (Goethe) auch deshalb, weil der Regenbogen unaufhörlich fluktuiert oder flimmert, ständig seine Gestalt ändert und für jeden

Betrachter, aus jeder Perspektive „ein anderer" ist oder zu sein scheint. Und genau diese Spannung zwischen „objektivem Sein" und „bloßer Erscheinung" (und damit eben *nicht* objektivierbar) überfordert ein Bewusstsein, das gerne feste und verlässliche Koordinaten hat. Der Farbenbogen ist immer in unbestimmbarer Ferne, niemals nah.

Ist er überhaupt „real" im physikalisch-kompakten und messbaren Sinne und nicht vielmehr eine Vision, ja eine Art Halluzination? Und wo steht der Bogen? Der Wo-Frage im Hinblick auf die Himmelsbläue und die Abendröte sind wir schon begegnet. Der Ort der Farbe ist kein physikalischer und mathematischer. Und beim Regenbogen ist schon der Ort im dreidimensionalen Anschauungsraum seltsam unbestimmbar, obwohl es natürlich physikalische Anhaltspunkte gibt, um die Mittelachse eines Regenbogens auszumachen.

Dazu schreibt der Physiker Arthur Zajonc in seinem Buch über Licht und Bewusstsein:

„Ziehen Sie eine Linie von der Sonne durch das beobachtende Auge, und setzen Sie sie fort bis zum Erdboden unter dem Regenbogen. Dort werden Sie einen Schatten bemerken, den Schatten Ihres eigenen Kopfes. Die Linie, die Sonne, Auge und Schatten verbindet, ist die Mittelachse des Regenbogens./ Eine zweite Linie lässt sich vom Auge zum Regenbogen selbst ziehen. Ganz gleich, wo er sich befindet und ob er in einem Frühlingsschauer oder im Sprühregen eines Gartenschlauches erscheint, der Winkel zwischen der ersten und der zweiten Linie beträgt stets zweiundvierzig Grad – das ist der Regenbogenwinkel." [10]

Zwar sind Geometrie und Physik des Regenbogens, was seine „Objektseite" oder sein messbares Korrelat anlangt, weitgehend enträtselt, aber dem Wesen des Phänomens ist man damit keinen Millimeter näher gekommen. Und dieses Wesen wurzelt in den Farben selbst. Die Einbeziehung der „Gebärdensprache" der Farben ist allenfalls ein erster Schritt und kaum mehr als ein grobes Raster. Wir geraten damit in eine Region, die selbst mit einer sich als ganzheitlich verstehenden Naturwissenschaft oder auch Naturphilosophie nur in ihren Vorhöfen zu erfassen ist. Die Farben im Regenbogen steigen gleichsam aus einem kosmisch-ätherischen Bewusstseinsraum in die physische Manifestation hinab. In nicht primär mental geprägten Kulturen ist dies auch stets geahnt und in großartige mythologische Bilder gefasst worden, deren wohl wirkungsmächtigstes das der „Regenbogenbrücke" ist: der Regenbogen als Brücke, die die Göttersphäre mit der Menschensphäre verbindet. Im Alten Testament ist der Regenbogen das Zeichen des Bundes zwischen dem Weltenschöpfer und „allem Fleisch auf Erden". Hierauf spielt der romantische Dichter und Naturphilosoph Novalis an, wenn er in seinen „Fragmenten" schreibt:

„Sollte das Licht nur das Zeichen eines neuen Bundes – der sichtbare Genius des Bundes überhaupt sein?" [11]

Noch einmal Arthur Zajonc:

„Die Genealogie des abendländischen Denkens liegt im Staunen des Menschen über den Regenbogen begründet und reicht in den Mythen bis zu dessen Zer-

störung, der Götterdämmerung, dem Ende des Bundes zwischen Jahwe und der Erde." [12]

Der Begriff der Natur und die Illusion der Trennung

Für die herrschende Naturwissenschaft ist Natur ein berechenbarer Kräfte- oder Stoffzusammenhang, der sich der erwähnten „Abschleifung der Außenwelt" verdankt. Noch in der griechischen und römischen Antike war der Naturbegriff erheblich subtiler, noch nicht abgespalten von den Prozessen des Lebendigen. Im altgriechischen Wort „physis" bündeln sich vier Bedeutungen: Ursprung, Ziel, Wesen und Werden (bzw. Prozess). Und das lateinische „natura" meint in einer zentralen Bedeutungsschicht soviel wie Geburt (von „nasci" = Geborenwerden). Noch im heutigen Sprachgebrauch schwingt etwas mit von diesen älteren Schichten. Das Licht der Natur und das Licht des Geistes – bzw. äußeres und inneres Licht – sind ja nur dann „zwei Lichter", wenn Natur und Geist wirklich zwei Pole der Wirklichkeit sind, was sich ja zunächst empirisch und von einer bestimmten Bewusstseinsstufe ab so darstellt. Alles hängt nun an der Frage, wie das offenbar polar Geschiedene miteinander verbunden, wie das eine zum anderen, der Geist zum Stoff und der Stoff zum Geist gelangt ist. Menschenhirne haben sich wund gedacht an dieser Frage, die ja mit dem Rätsel der Inkarnation überhaupt zusammenhängt und sich sicher theoretisch-abstrakt nicht beantworten lässt. Jedenfalls sind alle bisherigen Antworten aus dieser Ebene heraus spekulativ geblieben.
Im (sichtbaren) Regenbogen und im (eigentlich un-

sichtbaren) Licht rühren wir an einem Bereich, der vielleicht einen Fingerzeig enthält auf das Rätsel unserer eigenen Existenz, naturgemäß nur dann, wenn es uns gelingt, das plumpe Rüstzeug des gängigen Reduktionismus abzustreifen und uns sublimeren Betrachtungsweisen zu öffnen.[13] Der heutige Wissenschaftsbetrieb bietet dazu keinen Raum. Und ob es möglich sein wird, den von der herrschenden Naturwissenschaft ins Werk gesetzten „Verlust der Wirklichkeit" (Erwin Chargaff) aufzuhalten und ihm eine andere, eine integrale Naturwissenschaft, als sozial verbindliche Gestalt, gegenüberzustellen, wissen wir nicht. Aber es anzustreben und unermüdlich daran zu arbeiten, jeder auf seiner Ebene und in seinem Kontext, das ist uns aufgetragen, wenn wir nicht resignieren wollen. Und wenn mich meine Wahrnehmung nicht völlig täuscht, ist ein epochaler Bewusstseinswandel unterwegs, der irgendwann auch dazu führen wird, dass die so undurchdringlich scheinende Wand, die uns abtrennt von dem lebendigen Kosmos, bricht und wir erkennen, dass diese Trennung in der Tiefe immer eine Illusion war.

* * *

„Es gibt sicher einen
‚Anteil' im Bewusstsein,
der den linearen Zeitfluss,
das irreversible Nacheinander
von ‚Es war' und ‚Es wird sein'
überschreitet."

Das Mysterium der Zeit (I)

Naturwissenschaftliche Theorien können Zeit nicht fassen

Was ist die Zeit? Die Naturwissenschaftler haben sie zu einer „objektiven" Größe abstrahiert. Was aber ist mit der lebendigen und fließenden Qualität der Zeit, die wir in unserem Alltag erleben können? Jochen Kirchhoff, der in raum&zeit schon mehrmals naturwissenschaftliche Themen philosophisch betrachtet hat, tritt hier für eine Erneuerung des Zeit-Begriffes ein (s. a. „Licht der Natur – Licht des Geistes I und II", „Die herrschende Naturwissenschaft kennt Mensch und Leben nur als absurde Zufallskonfigurationen"). Teil I seines Essays offenbart die Blöße naturwissenschaftlicher Definitionen der Zeit.

Die Zeit ist, wie der Raum, rätselhaft allgegenwärtig. Unsichtbar, ungreifbar, unfassbar und doch von höchster Realität. Wenn du sie hinter dir glaubst, ist sie vor dir. Wenn du sie vor dir wähnst, zeigt sie sich hinter deinem Rücken. Wenn du sie festhalten willst, ist sie wie Flugsand in deinen Händen. Wenn sie kommt, ist sie schon gegangen und vergangen. Wenn sie entgleitet, begreifst du, dass du sie nie besessen hast. Die Zeit, so scheint es, besitzt dich, bestimmt dich, macht mit dir, „was sie will". Du bist wie Treibgut in ihrem Strom, der dich ins Meer spült, unaufhaltsam und unumkehrbar.

Magst du dich hineinfantasieren in einen Ort, der ihrer Macht entzogen ist, magst du sie in schlauen Konstrukten zu überlisten versuchen, indem du ihr jede tiefere Wirklichkeit abstreitest –, du entgehst ihr nicht. Nicht du hast sie, sie „hat dich". Sie ist mächtiger als alles, was Menschendenken und Menschenwirken vermag.

Der Zeit kann man nicht entrinnen

Der Mensch, schlau und trickreich, hat seit je versucht, über sie, die das Unverfügbare ist, denn doch zu verfügen, etwa indem er in einem Messwahn ohnegleichen den Zeitstrom technisch zerhackt, um ihn derart zu beherrschen, zu kolonisieren, ihn einzufrieden, ihn des Ungeheuren zu entkleiden, das Große klein und gleichsam handlich zu machen.

Es war vergeblich. Diesem absoluten Herrscher sind bislang keine parlamentarischen Reformen abgerungen worden, von einer Revolution gegen ihn zu schweigen. Was es an Revolten gab, an Aufruhr und Empörung, von den ägyptischen Pyramiden bis zur Megatechnik unserer Tage, wirkt rührend, fast lächerlich gegen die Unerbittlichkeit und Unentrinnbarkeit der Zeit.

„Die Zeit ist wie der Strom des Karma", soll Buddha gesagt haben. Wenn es sich so verhält, wären alle Versuche des Menschen, der Zeit zu entfliehen, die Zeit zu überlisten, nur von dem Willen beseelt, dem eigenen Karma zu entgegen. Dass das in sich vergeblich, ja absurd ist, die Wirklichkeit des Karma natürlich vorausgesetzt, liegt auf der Hand. Das soll hier nur angedeutet, nicht aber weiter vertieft werden. Es wäre ein „eigenes

Kapitel" …

Auch die klügsten oder sich klug dünkenden Matadore der abstrakten Naturwissenschaft, die Zauberlehr-
linge des Ganz-Großen und Ganz-Kleinen, angetrieben
von der Gier nach dem Nobelpreis und der Weltformel,
sind und bleiben konkrete Menschen, deren Bewusst-
seinsfokus ohnehin viel „irdischer" ist, als sie uns glauben machen wollen. Die vollmundig verkündete „Erkenntnis des Universums" ist das eine, der atemlose
Lauf nach allem, was diese Gesellschaft zu bieten hat an
Anerkennung und Geld, das andere. Diese „ganz konkreten Menschen", bei allem Abstraktionswahn, an dem
sie eisern festhalten, sind, wie wir alle, Zeitwesen – der
Zeit Unterworfene und damit dem physischen Tod Ver-
fallene. Was immer sie tun, was immer sie denken, welche abstrakten Höhenflüge sie auch unternehmen, der
Zeit und dem Tod entgehen sie nicht. Und wie jedes
lebendige Wesen hier auf der Erde und auf den unzähligen bewohnten Gestirnen des Alls könnten sie keinen
Wimpernschlag lang existieren, wenn die Welt, die sie
trägt und ja ermöglichen soll, so beschaffen wäre, wie
sie unterstellen und vielleicht sogar hoffen.

Abstraktion ist immer tot

Diese Welt, jetzt im umfassendsten Sinne verstanden,
muss lebendig sein, damit so etwas wie Leben überhaupt
entstehen kann. Dass Lebendiges aus Totem erwächst,
wird zwar unermüdlich behauptet, widerspricht aber
jedweder Erfahrung, auch der Tag-für-Tag-Erfahrung
derjenigen, die dies behaupten oder gar als „gesichertes

Wissen" ausgeben. Nichts in unserer konkreten und lebendigen Erfahrung spricht dafür. Unsere konkrete und lebendige Erfahrung spricht eine ganz andere Sprache als die der Abstraktion, und Abstraktion ist immer strukturell tot, ist – in diesem Sinne – jenseits der Zeit. Dieser Punkt muss scharf und kompromisslos betont werden, und zwar um der geistigen Redlichkeit willen. Viele neigen dazu, gerade hier die Konturen zu verwischen.

Der Grad der Abstraktion gilt heute fast als Gütesiegel von Wissenschaftlichkeit, demgegenüber alles Lebendig-Unmittelbare und damit dezidiert Nicht-Abstrakte keinerlei Kurswert hat. So kommt die Zeit als Forschungsobjekt der Wissenschaft und ihres flächendeckenden Reduktionismus nur in einer bereits alles Lebendigen entkleideten Form ins Spiel. (Wenn ich hier von Wissenschaft rede, meine ich deren Hauptstrom, also das, was im Kern als „abstrakte Naturwissenschaft" bezeichnet wird; ich meine nicht eine sich an lebendigen und wirklichen Gestaltganzheiten orientierende und auf sie bezogene Forschung, die es da und dort gibt und die auch, glücklicherweise, an Boden gewinnt.) Zeit als Quantität „darf sein", ja „soll sein"! Zeit als Qualität ist eher hinderlich beim munteren Rechnen und Messen und in der abstrakten Hypothesenbildung. Zeit als Qualität berührt das Lebendige, ja ist das Lebendige selbst (und auch: das lebendige Selbst). Als solche ist sie ein spröder und sperriger Faktor, mit dem adäquat umzugehen eine ganz andere Intelligenz verlangt als die des technischen Verstandes, der seinem Wesen nach subjektblind und lebensblind ist.

Die Zeit und der „Gerichtsstuhl des Mathematikers"

Nur dieser Geist (= technischer Verstand) wird zum „Widersacher der Seele" (Ludwig Klages' berühmter Buchtitel), und nur dann, wenn die regulative und höhere Instanz fehlt (und das ist heute fast überall der Fall), die sich schwer auf einen plakativen Begriff bringen lässt und die man vielleicht als lebendige Vernunft oder, mit Goethe, als denkende Anschauung bzw. anschauendes Denken bezeichnen kann. Dass der Mainstream-Wissenschaftler an der „Front der Forschung" nur müde abwinkt, wenn man ihm mit derlei „Einwänden" kommt, sollte uns nicht einen Augenblick bekümmern. Er versteht meist gar nicht, was hier wirklich gemeint ist, und will es auch nicht verstehen. Auch hat er den Verdacht, der ja durchaus berechtigt ist, dass seinem Tun nicht jener hohe Grad an Bedeutung beigemessen wird, den er für sich beansprucht.

Goethe klagt in seiner „Farbenlehre" darüber, dass die Farbe „vor den Gerichtsstuhl des Mathematikers" gezogen worden sei, „wohin sie nicht gehört". Wie steht es mit der Zeit, die ja unser Thema ist? Gehört sie vor den „Gerichtsstuhl des Mathematikers"? Dass sie dort längst ist, steht außer Frage. Was bisher gesagt wurde, lässt eine verneinende Antwort darauf erwarten. Und gerade hier sollten wir innehalten und uns dessen versichern, was hier eigentlich vorliegt, zumal es ja nicht zu leugnen ist, dass die Zeit auch eine messbare, eine in diesem Sinne quantitative Seite aufweist, wie sie empirisch an den vielfältigen natürlich-kosmischen Rhythmen und Zyklen ablesbar ist, denen wir unterworfen sind. Diese Rhythmen und Zyklen waren es auch über lange Zeiträume hinweg, die Zeitbestimmung und Zeitmessung sowohl anstießen als auch fundierten. Das ist hinlänglich bekannt und braucht hier nicht differenziert betrachtet zu werden. Weniger bekannt und selten tiefer erwogen ist der folgende Umstand:

Die Polarität der Zeit

Der Zeit ist eine rätselhafte Polarität zu Eigen, die auch mit der Polarität unseres Bewusstseins, ja unseres In-der-Welt-Seins überhaupt zu tun hat. Die Zeit ist innen und außen, subjektiv und objektiv zugleich. So ist nicht wirklich zu trennen, was „sie selbst" und was unsere Wahrnehmung von ihr ausmacht und prägt. Ganz oberflächlich ist die „objektive Zeit", die in der Welt „da draußen" angesiedelt zu sein scheint und die sich messen und berechnen lässt (das unterstellen wir jedenfalls), streng abzugrenzen von der „bloß subjektiven Zeit", die zunächst einmal nicht objektiviert werden kann, weil sie jeder anders erlebt und erfährt.

Zeit ist ihrem Wesen nach innen und außen in häufig verwirrendem Wechselspiel beider Pole, das jedes eindimensionale Denken aushebelt oder in den Kollaps treibt. Diese Innen-außen-Polarität hat die Zeit übrigens mit dem Raum, ja mit den Dingen überhaupt gemeinsam. Ein purer Außenraum, als ein Raum, der nur ein Außen kennt, ja dieses ist, darf getrost als Fiktion bezeichnet werden. Kein lebendiges Wesen kennt einen solchen Raum und könnte in ihm existieren. Der mathematisch-physikalische Raum, wie er im Hauptstrom der Naturwissenschaft verstanden wird, ist ein Konstrukt.[1]

Die mathematische Vermengung von Raum und Zeit und damit die Auslöschung ihrer grundverschiedenen Seinsqualität im Phantasma der „vierdimensionalen Raumzeit" (Einstein-Minkowski) ist erkenntnistheoretisch und empirisch und auch physikalisch unhaltbar.

Die Physiker Georg Galeczki und Peter Marquardt haben dies, wie schon andere vor ihnen, in ihrem Buch „Requiem für die Spezielle Relativität" von 1997 brillantscharfsinnig analysiert.[2] Die Verehelichung von Raum und Zeit mit Einstein als Priester und Minkowski als Trauzeuge, die noch immer von den meisten Physikern bejubelt wird, kümmert Raum und Zeit, d. h. den wirklichen Raum und die wirkliche Zeit, herzlich wenig, und das ist auch gut so, obwohl sich schon Kant zu der abenteuerlichen Bemerkung hat hinreißen lassen, dass der menschliche Verstand der Natur ihre Gesetze „vorschreibt" (so wörtlich in seinen „Prolegomena").[3] Das wurde zur Leitlinie der Physik seit dem frühen 20. Jahrhundert.

Reversibel und irreversibel

Zu der mysteriösen Polarität von innen und außen in dem, was wir Zeit nennen, die, in anderer Ausdrucksweise, auch als die Polarität von „subjektiver Zeit" und „objektiver Zeit" beschrieben werden kann (obwohl beides nicht völlig deckungsgleich ist) gehört die Polarität von reversibel und irreversibel.

Reversibel meint umkehrbar, nicht gerichtet, $+t$ (Zeitzug in die Zukunft) und $-t$ (Zeitzug in die Vergangenheit) werden gleichgesetzt. Das berührt die mathe-

matisch-physikalische Ebene, die der abstrakten Naturwissenschaft von der „Newtonschen Mechanik" bis zur
Quantentheorie, meint aber im Sinne der erfahrungsmäßig belegbaren Polarität der Zeit eher deren zykli-
schen Aspekt, die Wiederkehr der Dinge im „Kreisen
der Zeit"; am eindrucksvollsten und zugleich einfachs-
ten spiegelt sich dies im Tag-Nacht-Rhythmus oder im
Wechsel der Jahreszeiten im Umlauf der Erde um jenes
Gestirn, das als „Sonne" bezeichnet wird und von dem
Physiker weniger wissen, als sie vorgeben.[4]

Irreversibel heißt unumkehrbar, eindeutig gerichtet:
Was war, kehrt nicht wieder; alles Jetzt wird vom Abgrund der Vergangenheit verschluckt; ständig leben wir
im Nicht-Mehr und im Noch-Nicht; wir werden (und vergehen), und wir jagen unserem Tod entgegen. In dem
Gegensatz von reversibel und irreversibel steckt auch
der von Bleiben und Wandel, von Sein und Werden.

Der Aufstand gegen die Zeit

Ein erheblicher Teil der kulturellen und geistigen An-
strengungen der Menschheit lässt sich als Aufstand gegen die Zeit und damit als Aufstand gegen den Tod in-
terpretieren: Wo Werden herrscht, soll Sein herrschen.

Das ist die Kurzformel dafür. Tief wurzelt das Verlan-
gen des Menschen, der Erbarmungslosigkeit des Nacheinander, der Abfolge von „Es war", „Es ist" und „Es wird
sein", ein Nebeneinander entgegenzustellen – ein Nebeneinander, das, als machtvoll aufgetürmte Festung,
allem Werden und Vergehen trotzt. „Ich schreite kaum,
doch wähn ich mich schon weit", singt Richard Wagners

Parsifal, kurz bevor er zum ersten Mal die Gralsburg betritt (Ende des 1. Aktes), worauf ihm der ihn geleitende Gurnemanz entgegnet: „Du siehst, mein Sohn, zum Raum wird hier die Zeit." Wenn das Nacheinander zum Nebeneinander werden soll, geschieht im Kern genau dies: Die Zeit wird zum Raum (eigentlich: „... soll zum Raum werden").

Wenn das Werden zum Sein gezwungen werden soll, zur dauerhaften Festung, an der das Werden abprallt, dann wird damit das Fließende der Zeit entwirklicht, das (unwandelbare) Sein für wirklicher gehalten als alles Werden, Wachsen und Vergehen. Religiöse, philosophische und naturwissenschaftliche Konzeptionen, die genau diese Entwirklichung betreiben oder propagieren, gibt es zur Genüge. Die idealistischen Philosophen seit Platon haben immer dazu geneigt, der Zeit jede tiefere oder absolute Wirklichkeit abzusprechen, sie zum Schein zu degradieren. Der berühmte Briefwechsel des Newton-Schülers Samuel Clarke mit dem Philosophen Leibniz von 1715/16 ist hier ungebrochen aktuell: Die schroffe Polemik des Zeit-Absolutisten Newton (über seinen Adepten Clarke) gegen den Zeit-Relativisten Leibniz, und umgekehrt, zeigt die Unüberbrückbarkeit des Gegensatzes.

Jedenfalls endet die Partie im Patt. Keiner der Kontrahenten kann den anderen argumentativ niederzwingen, auch wenn die Anhänger des Einen oder des Anderen bis heute glauben, „ihr Meister" habe die stärkeren Argumente geliefert. – Die Frage ist extrem schwierig. Jeder, der meint, hier eine leichte Lösung gefunden zu haben, noch gar eine solche, die durch Experimente „bewiesen" wurde, unterschätzt das Problem und hat oft genug die jeweils gegenteilige Position gar nicht verstanden.

Also neben der Innen-außen-Polarität der Zeit, die das Bewusstsein vor arge Zerreißproben stellt, gibt es die Polarität von reversibel (umkehrbar, kreisförmig, wiederkehrend u. ä.) und irreversibel (unumkehrbar, gerichtet, „linear" u. ä.). Dieses Doppelspiel der Zeit ist elementar und existentiell, also alles andere als eine theoretische Konstruktion. Es gibt wirklich kreisförmige Prozesse, Abläufe, die in sich zurücklaufen, auch wenn dieser Zurücklauf keine Identität der zurückgelegten Strecke bedeutet. Offenbar kennt die Natur keine Identitäten, keine Gleichheiten, sondern nur Analogien, Ähnlichkeiten verschiedenen Grades. Für den Verstand sind Identitäten leichter zu begreifen als Analogien. Das führt zu gravierenden Problemen, wenn der an Gleichheiten ausgerichtete Verstand oder Intellekt auf lebendige Prozessabläufe stößt und diesen sein starres Korsett aufzwingen will. Die meisten der sogenannten Naturgesetze sind solche starren Korsetts.

Der Verstand und die „Logik fester Körper"

Der Philosoph Henri Bergson, der Ilya Prigogine und andere „Wiederentdecker der Wirklichkeit der Zeit" unter den Naturwissenschaftlern stark beeinflusst hat, schreibt in seinem Buch „Schöpferische Entwicklung":

> *„ ... dass der menschliche Intellekt sich zu Hause fühlt, solange man ihn unter den leblosen Gegenständen belässt, wo unsere Tat ihren Stützpunkt und unsere*

Arbeit ihre Werkzeuge findet; dass also unsere Begriffe nach dem Bild fester Körper geformt sind, dass unsere Logik vorzüglich die Logik fester Körper ist und dass eben deshalb unser Intellekt seine Triumphe in der Geometrie feiert, wo die Verwandtschaft von logischem Denken und lebloser Materie offenbar wird, und wo der Intellekt, nach geringstmöglicher Berührung mit der Erfahrung, einfach nur seiner natürlichen Bewegung zu folgen braucht, um von Entdeckung zu Entdeckung zu schreiten." [5]

Der Nobelpreisträger Bergson, als „Philosoph des Werdens" in der Nachfolge Heraklits und Nietzsches stehend, war übrigens (was heute nur noch die wenigsten wissen) ein scharfer Kritiker und Gegner Einsteins. Die Spezielle Relativitätstheorie hielt er für absurd.

Ein Großteil der abstrakten Naturwissenschaft ist der Versuch, die „Logik fester Körper" der Natur aufzuzwingen, um derart starre und unwandelbare Naturgesetze herauszudestillieren, die ihrerseits dazu dienen sollen, die Natur technisch zu beherrschen. Zur technischen Beherrschung der Natur auf der Erdoberfläche (deren Scheitern wir ständig vorgeführt bekommen) gehört die geistige Kolonisierung des Universums durch abstrakte Modelle, die immer auch eine Kolonisierung der Zeit bedeutet. Hier wird versucht, mit der Festkörperlogik des abstrakten Verstandes die „zarte Logik des Lebendigen" zu erschließen, die sich in der lebendigen Zeit entfaltet und in ihr gründet.

Widersprüche in der herrschenden Zeitvorstellung

Die Zeitvorstellung der Naturwissenschaft heute ist widersprüchlich; mindestens vier Komponenten lassen sich erkennen. Diese spiegeln den herrschenden Abstraktionismus und Reduktionismus und dessen eklatante Unfähigkeit, dem Phänomen Zeit gerecht zu werden. Diese Unfähigkeit wiederum hängt mit der kollektiven Mensch-Kosmos-Neurose zusammen, auf die ich immer wieder hinweise, obwohl mich gelegentlich der Verdacht beschleicht, hier den „Prediger in der Wüste" abzugeben. Denn alle Welt, von wenigen Ausnahmen abgesehen, scheint sich wohl zu fühlen in dieser Neurose (=Abspaltung), sich wohl zu fühlen auch in dem fabulösen Universum der glühenden Gasbälle und des toten Raumes und der abstrakten Gespenster der eigenen Projektionen.

„Gibt es irgendeinen Zweifel",

schreibt der Philosoph Jacob Needleman (der zu den wenigen gehört, die die kollektive Mensch-Kosmos-Neurose erkannt haben),

„dass die moderne wissenschaftliche Ansicht über den Platz des Menschen im Universum einfach nur ein Ausdruck des Wahnsinns ist." [6]

Daher die enorme (und wachsende) Popularität der Astrologie; sie verspricht hier Heilung, kann dieses Versprechen aber kaum halten.
Welches sind nun die genannten vier Komponenten der

naturwissenschaftlichen Zeitkonzeption, wie sie sich heute im Hauptstrom darstellt? Ich führe sie zunächst auf und gehe sie dann im Einzelnen durch:

1. Zeit als reversibler Ordnungsparameter:
Zeit als im Prinzip reversible Koordinate, als bloßer Ordnungsparameter der Welt („Zeitumkehrinvarianz" heißt das im schönsten Physikerjargon). Der abstrakte Faktor „t" verdrängt hier die lebendige Zeit.

2. Zeit als irreversibler Faktor in Richtung Chaos:
Zeit als gerichtete Größe im Sinne der „positiven Entropieerzeugung" mit der messbaren Tendenz zur Unordnung, ja zum Stillstand (zweiter Hauptsatz der Wärmelehre).

3. Zeit als irreversibler Faktor in Richtung Evolution:
Zeit als gerichtete Größe, die die Materie zu immer höheren und komplexeren Strukturen treibt im Sinne der organischen (biologischen) Evolution. „Neo-Darwinismus". „Selbstorganisation".

4. Zeit als irreversible kosmische Uhr:
Kosmische Universalzeit als Zeitstrang, der alle Geschehnisse seit dem „Urknall" einbindet und ihnen, in diesem Sinne, einen „absoluten Zeitpunkt" seit der Urexplosion zuschreibt, mit der auch die Zeit begann …

Wer es unternimmt, diese vier Komponenten einer kritischen Betrachtung zu unterziehen und die in ihnen liegenden (meist undurchschauten und fraglos gesetzten) Prämissen aufzudecken, sieht sich binnen kurzem in einem Irrgarten von Zirkelschlüssen und Dogmen verstrickt, wobei der mathematische Nebel, der allenthalben produziert wird, den Blick noch zusätzlich verdunkelt. (Die letzte Bemerkung, um hier gleich ein mögliches Missverständnis abzuwehren, bezieht sich nicht auf die Mathematik als Erkenntniswerkzeug oder Hilfswissenschaft, soweit sie erfahrungsnah und behutsam in Anschlag kommt; sie bezieht sich vielmehr auf einen schrankenlosen Mathematismus, der mittlerweile auch das letzte Sicherungssystem durchbrochen hat.)

Von den vielen Darstellungen zum Zeitproblem, die ich gelesen habe, sei es von Naturwissenschaftler, sei es von Philosophen, gibt es nur wenige, die sich den Basisfragen wirklich stellen, die hier aufbrechen.

Besonders Naturwissenschaftler, die sich „metaphysikfrei" geben, also materialistisch und reduktionistisch im weitesten Verständnis, sind häufig an einer spekulativen Metaphysik orientiert, die ihnen selbst gar nicht bewusst ist. Sie wissen gar nicht (oder wollen gar nicht wissen), was sie alles an Unbewiesenem und auch Unbeweisbarem voraussetzen. Der „Laie" nimmt alles ergeben hin.

Zeit als reversibler Ordnungsparameter

Die neuzeitliche Naturwissenschaft war angetreten mit der Kernfrage nach der Bewegung der Himmelskörper: Was treibt die Gestirne auf ihrer Bahn entlang? Diese Frage ist von Seiten der abstrakten Naturwissenschaft bis heute unbeantwortet; eine kausale Bewegungslehre existiert nicht.[7] Eigentlich ist das ein wissenschaftlicher Skandal, der allerdings nur dann und wann einmal als solcher angesprochen wird. Kein Naturwissenschaftler dieser Erde weiß, warum sich die Erde um die Sonne bewegt! Der mathematische Formalismus der „Newtonschen Mechanik", der schon Newton selbst erheblich verfälscht, enthält keine Antwort auf die Bewegungsfrage. Auch für die Modifikationen Einsteins gilt das Gleiche. Mit der Etablierung der „Newtonschen Mechanik" wird eine Vorstellung von Zeit in das menschliche Denken eingeführt, die eine vollständige Loslösung oder Abkoppelung des Faktors „t" (=Zeit) von der lebendigen Zeiterfahrung sowohl ermöglicht als auch zur Voraussetzung hat. Entgegen allem, was wir als inkarnierte Wesen als Zeit erfahren, als Nicht-Mehr, Jetzt und Noch-Nicht, wird die Zeit als reversibel postuliert, so als sei alles Werden, Wachsen und Vergehen nur ein Phantasma unserer ganz und gar beschränkten („rein subjektiven") Perspektive.

Es ist wirklich staunenswert, dass dieser reversible Faktor „t" (an dem auch die Quantentheoretiker nicht gerüttelt haben) eine so beispiellose Karriere gemacht hat. Etliche sind sogar so weit gegangen, dieses Konstrukt von Zeit nicht nur zu ontologisieren, d. h. ihm Wirklichkeitswert zuzusprechen, sondern sogar mit einer religiösen Weihe zu versehen. Ein Musterbeispiel dafür ist der berühmte Brief Einsteins an die Schwester eines verstorbenen Freundes:

„Nun ist er mir auch mit dem Abschied von dieser sonderbaren Welt ein wenig vorangegangen. Dies bedeutet nichts. Für uns gläubige Physiker hat die Scheidung zwischen Vergangenheit, Gegenwart und Zukunft nur die Bedeutung einer wenn auch hartnäckigen Illusion." [8]

Das mit der „hartnäckigen Illusion" wird in Monographien über die Zeit gerne zitiert und gilt vielen als Ausdruck besonderen Tiefsinns. Dabei handelt es sich, wie man bei nur geringer Nachdenklichkeit einsehen kann, um eine abenteuerliche Gleichsetzung von reversibler Zeit im Sinne der Physik und einer todüberlegenen/todübergreifenden Sphäre im Sinne der Religion. Diese Gleichsetzung ist zutiefst aufschlussreich. Auch der Begriff „gläubige Physiker" ist signifikant und entlarvend ... Der Neurophysiologe Otto-Joachim Grüsser beschreibt den genannten Ablösungsprozess mit folgenden Worten: „Mit dem Zeitbegriff Newtons (dem der Newtonschen Mechanik, J. K.) befreit sich die Physik endgültig von der erfahrenen Zeit und von der primär erlebten Zeitrichtung. (...) Die Gesetze der klassischen Mechanik sind in der Zeit umkehrbar, und die täglich erfahrene Gerichtetheit des Zeitflusses von Vergangenheit über die Gegenwart in die Zukunft wird unwichtig. Darüber hinaus verschwindet aus der Zeit der Physik endgültig die erlebte Gegenwart." [9]

Das ist „allgemein bekannt" und scheint doch nur die wenigsten zu beunruhigen, obwohl gerade hier die höchste Beunruhigung geboten wäre. Es war der Schritt in die lebensferne, partiell gar lebensfeindliche Abstraktion, der sich mit der „Newtonschen Mechanik" vollzog. Was der Einzelne fortan erlebte, erfuhr und erlitt an Zeit, wurde zur (unverbindlichen) „Privatsache" erklärt, der keinerlei wissenschaftliche Würde zukommt. Das hat zu einer fatalen „Verinselung" der „subjektiven Innenwelten" der Menschen geführt, die ein Teil der kollektiven Neurose ist, von der ich so oft spreche. Die Zeit des Lebens, des Lebendigen überhaupt, galt wenig, die Zeit der Physik, der abstrakte Faktor „t", ergriff die Herrschaft, auf der die Megatechnik beruht, die heute den Planeten ruiniert.

Die Gestirne zogen weiter ihre ruhige, unbeirrbare Bahn, und die zunehmend zu bekennenden „Newtonianern" konvertierte Bevölkerung glaubte allen Ernstes, dass die Bewegung der Himmelskörper, wenigstens im Grundsätzlichen, als ein nur mechanisches und damit geheimnisloses Geschehen erkannt und erklärt worden sei.

Es gab – und gibt – das „Gravitationsgesetz" und die die Bewegung beschreibenden Differenzialgleichungen; und beides schien – und scheint – bestens zu funktionieren. Wen kümmert noch, was an spekulativer Metaphysik mitgeliefert wurde und wo die Lücken und Schwachstellen lagen (die nicht primär die von Einstein aufgedeckten sind)? In meinem Buch „Räume, Dimensionen, Weltmodelle" habe ich dies eingehend dargestellt.[10] Die „Himmelsmechaniker" führten eine „objektive" oder „rein äußere" Zeit ein, eine abstrakte Rechenzeit, die den Einzelnen in der lebendigen Wirklichkeit seiner Leib-Seele-Geist-Gestalt gar nichts angeht, ihm geradezu erschütternd gleichgültig sein kann. Was sich hier vollzogen hat und noch immer vollzieht (weil angeheizt durch die technische Vernutzung der Erde), ist nichts Geringeres als eine Katastrophe, eine Weichenstellung, in Jahrhunderten vorbereitet, die zentral mit dem (neurotisch gepolten) Mensch-Kosmos-Verhältnis zu tun hat.

Der abgesprengte Mensch als „Idiot des Kosmos" (so Peter Sloterdijk) ist auch eine Art „Idiot der Zeit", insbesondere dann, wenn er die abstrakte Rechenzeit seines

Denkens zur kosmischen Zeit erklärt. Ich behaupte, dass der Kosmos weder von Newton noch von Einstein das Geringste weiß.

Zeit als irreversibler Faktor in Richtung Chaos
„Entropie" gegen „Evolution"

Wohin rast der „Zeitpfeil"?

Das mit der „positiven Entropierzeugung" hat die Gemüter lange beschäftigt. Intellektuelle vor einem Jahrhundert erschauderten vor dem von den Naturwissenschaftlern verkündeten, ja fast genüsslich angedrohten „Wärmetod" des Universums. Irgendwann sollte alles zum Stillstand kommen. Eine düstere Perspektive. Vorausgegangen waren kühne Verallgemeinerungen von empirisch gut gestützten Beobachtungen auf der Erdoberfläche auf das Universum (Stichwort: sogenannter zweiter Hauptsatz der Thermodynamik).

Abstrakte Verallgemeinerungen gehören zum Wesen der wissenschaftlichen Methode; dass dies zu fatalen Fehlschlüssen führen kann, habe ich in einem früheren Beitrag für raum&zeit darzustellen versucht.[11] Im Unterschied zu den Fiktionen der „Newtonschen Mechanik", der Quantenmechanik und der beiden sogenannten Relativitätstheorien (Fiktionen, die als „Gesetze" ausgegeben werden) steckt in dem zweiten Hauptsatz der Thermodynamik eine eindeutige Zeitrichtung. Die Zeit ist hier irreversibel. Der heiße Tee wärmt die Kanne, indem er sich abkühlt. Dass das zeitlich Entgegengesetzte passiert, ist nie beobachtet worden. Manche sehen hierin geradezu den Ursprung – oder, bescheidener, einen der Ursprünge – unseres Zeitgefühls mit seinem Nacheinander von Nicht-Mehr, Jetzt und Noch-Nicht, wobei das Jetzt allerdings geisterhaft unbestimmbar wirkt und der Verdacht auftaucht, es existiere als solches gar nicht.

Dieser Verdacht ist nur dann wissenschaftlich oder philosophisch fruchtbar, wenn der Jetztpunkt gemeint ist, der sich jedem Zugriff entzieht. Das lebendig erfahrene Jetzt ist „breiter angelegt", es ist ein Spielraum unbestimmter Ausdehnung, der von uns als Gestaltganzheit wahrgenommen und gewertet wird. Das erfahrene Jetzt ist die relative Dauer und relative Gleichzeitigkeit als Grundgestalt unserer Weltorientierung. Der Jetztpunkt ist eine Fiktion.

Am meisten „zugespitzt" erfahren wir das Jetzt, wenn etwas Unvorhergesehenes, ganz und gar Überraschendes geschieht und uns jäh herausschleudert aus dem ruhigen Währen, das zumeist in einem bewusstseinsmäßig abgedämpften Rahmen bleibt. Wer stürzt und sich verletzt, fühlt im Brennen der heraufschießenden Schmerzen die Spitze der Gegenwart. Im extremen Fall kann, wie jeder Psychiater weiß, der Schockmoment wie festgefroren erscheinen und die Vergangenheit fast völlig auslöschen.[12]

Der zweite Hauptsatz der Thermodynamik gilt auch auf der Erdoberfläche nicht unbeschränkt, im Universum schon gar nicht. Dies dennoch zu behaupten ist pure und rundum schlechte Metaphysik. Wie überhaupt so etwas wie Ordnung oder höhere Organisation entsteht, bleibt dann gänzlich dunkel.

Widerspruch nicht aufgelöst –
Zeit als irreversibler Faktor in Richtung Evolution

In der evolutiven Entwicklung des Organischen bis hin zum menschlichen Leib (und zum menschlichen Bewusstsein) waltet ein ganz anderer „Zeitpfeil" als in dem auf Unordnung und Chaos abzielenden, wie ihn die verallgemeinerte Thermodynamik (Wärmelehre) unterstellt. Wenn es die Materie zu immer höheren Formen, immer komplexeren Organisationen drängt (aus welchem rätselhaften Impuls heraus?), ob nun auf dem Wege der „Selbstorganisation" oder von „höheren Intelligenzen gesteuert (wie der „andere Darwin", Alfred Wallace, annahm), dann bricht die Frage auf, wie das mit dem „entropischen Zeitpfeil" zu vereinbaren ist, der ja genau in die entgegengesetzte Richtung rast. Diesen Widerspruch haben die Naturwissenschaftler, gleich welcher Couleur, nicht aufgelöst. Das modische Zauberwort „Selbstorganisation", auch im Zusammenhang mit der sogenannten Chaostheorie, hat hier nur einen geringen Erklärungswert (wenn überhaupt). Viele jonglieren mit diesem Begriff, als ob er irgendeine echte oder vertieftere Erkenntnis transportierte, was meines Erachtens nicht gegeben ist. „Selbstorganisation" ist nur geringfügig besser als „Zufall". Beide Begriffe bekunden eher die „terra incognita" (das unbekannte Land), die hier verzeichnet werden muss. Gewusst wird hier wenig, spekuliert (und mathematisiert, ontologisiert, computerisiert) dagegen viel. Damit berühren wir einen der heikelsten Punkte in der Zeitauffassung der herrschenden Naturwissenschaft, an dem sich ihre innerste Struktur wie in einem Brennspiegel offenbart. Ich meine die allseits angenommenen Megazeiträume für organische Werdeprozesse von Kollektiven und für das, was als kosmische Evolution auch in der Big-Bang-Kosmologie so hoch im Kurs steht.

Auch die meisten Kritiker der herrschenden Evolutionsbiologie und Kosmologie sind an dieser Stelle blind, das heißt, was immer sie angreifen und kritisieren, an den Megazeiträumen zweifeln sie nicht. Dies zu tun schiene ihnen geradezu als Rückfall in frühere, weitgehend naive und vorwissenschaftliche Altersangaben über Mensch und Erde, wie sie heute allenfalls von einigen christlichen Fundamentalisten oder Sektierern (so den „Zeugen Jehovas") vertreten werden. Genauso wenig, wie die meisten Kritiker der Mainstream-Kosmologie ernsthaft zweifeln an der primär mechanisch-materiellen Struktur des Weltganzen und seiner Glieder und an der Fähigkeit, ja Notwendigkeit, die „Naturgesetze" dieses Weltganzen, ausgehend von den verallgemeinerten Abstraktionen der erdoberflächenbezogenen Erfahrung, erkennend zu erhellen. Das anzunehmen gilt als „eiserner Bestand" naturwissenschaftlicher Erkenntnis-Bemühung überhaupt.

Das „Mechanisch-Materielle" kann auch energetisch oder gar mathematisch-formalistisch gemeint sein; das ändert an dem ganzen Ansatz nichts. So ist man zu der seltsamen Hypothese gelangt, im gähnend leeren Raum schwebten in überwältigender Allgegenwart glühende Gaskugeln. Zur Kritik an dieser Vorstellung sei auf den ersten Teil meines Licht-Essays in raum&zeit (siehe Quellen) verwiesen. Dort ist auch die Alternative umrissen zur Sonnenofen-Kosmologie: die Hypothese der Radialfelder der Gestirne und ihrer vielfältigen Wech-

selwirkungen, zu denen auch das kosmische Licht gehört, das demnach keineswegs, wie unermüdlich behauptet wird, aus thermonuklearen Prozessen unge-
heuer heißer „Sonnen" herrührt. Alle Kritik an der
Mainstream-Kosmologie bleibt vorläufig und unzuläng-
lich, wenn es nicht gelingt, die Herkunft des kosmischen
Lichtes, wie sie eisern dogmatisch verkündet wird, so
als wäre jede Alternative dazu absurd, in ihren Fundamenten, in ihren schwach gestützten spekulativen Prämissen als im Prinzip widerlegbar zu erweisen. Es
scheint gerade hier ein Tabu zu geben, welches das kritische Bewusstsein lähmt.

Zeit als irreversible kosmische Uhr

Zunächst soll noch die vierte Komponente der naturwissenschaftlichen Zeitvorstellung umrissen und einer
kritischen Revision unterzogen werden: Die Fiktion der
Urknall-Kosmologie, die, ungeachtet aller Kritik, noch
immer das öffentliche Feld bestimmt, postuliert eine
kosmische Universalzeit, die logisch zwingend als absolut gesetzt werden muss. Das ist zwar nicht identisch
mit der „absoluten Zeit" Newtons, hat aber, nüchtern
analysiert, mit der von Einstein und den Einsteinianern
behaupteten „relativistischen Zeit" (der Speziellen Relativitätstheorie) nichts zu tun. Plötzlich wird also doch
eine „absolute kosmische Uhr", eine alle Geschehnisab-
läufe durchdringende und prägende Zeitskala angenommen, die jedem Zeit-Ort im Universum ein eindeutig definiertes „Wann" zuordnet, so auch dem Zeit-Ort,
den wir hier auf der Erde als Jetzt begreifen und erle-

ben. Egal, wie viele Milliarden Jahre nun errechnet werden, die seit dem Großen Knall am Anfang vergangen sein sollen – die kühn behaupteten Megazeiträume überfordern ohnehin das menschliche Bewusstsein und sind nichts als tote Rechengrößen, die niemanden wirklich etwas angehen und angehen können. Wer will ernsthaft behaupten, dass er damit „etwas anfangen kann"? Und schon das ist ein Symptom der von mir diagnostizierten Mensch-Kosmos-Neurose.

Wie auch immer, der Big Bang erfordert eine absolute Zeitskala (ein „Global Scaling" der eigenen Art), die auch mir, gerade jetzt, im Prozess des Schreibens und Denkens, einen mathematisch bestimmbaren Abstand vom Anfang des Universums zuschreibt, auch wenn der mich nichts angeht (besser: anginge, denn das Ganze ist zu absurd, zu „unseriös" auch, als dass man nicht ständig im Konjunktiv sprechen müsste). Merkwürdig bleibt, dass die „Relativisten" das hinnehmen. Denn, wenn logisches Denken überhaupt einen höheren Wert hat, dann müsste doch einleuchten, dass diese absolute Zeitskala auch in wohlwollender Betrachtung nicht kompatibel ist mit den Dogmen der Speziellen Relativitätstheorie, innerhalb deren ja die Zeit, wie der Raum auch, zu einer kautschukartig verformbaren Größe wird, die nur die Bewegung des Beobachters, im Verein mit der (absoluten) Lichtgeschwindigkeit, bestimmt.

Grundsätzlich gibt es gute und starke Gründe, die Idee (oder Fiktion) einer gesamtkosmischen Evolution zu bezweifeln und den Begriff eines wie immer exakt zu bestimmenden Alters der Weltgesamtheit als das zu bezeichnen, was er ist: eine schlichtweg aberwitzige Spekulation, die durch keinen Messwert gestützt wird und die auch nicht dadurch wahrer wird, dass man sie unermüdlich wiederholt und mit Computersimulationen durchspielt. Nur wenige Physiker in den Apparaten der Wissenschaft sind gewillt oder auch fähig, die Prämissenbasis ihrer Weltmodelle kritisch zu durchleuchten. Und zwar gilt dies für alle Lager. Die Kritiker des Hauptstroms sind oft genauso dogmatisch wie diejenigen, die sie angreifen und von denen sie sich distanzieren.

Und was die Zeitvorstellung anbelangt, um die es ja in diesem Essay geht, so scheint ein stillschweigender Konsens darüber zu bestehen, dass es völlig legitim, ja notwendig sei für Naturwissenschaft überhaupt, die Zeit vor den „Gerichtsstuhl des Mathematikers" zu ziehen. Das beinhaltet eine schon als „mausetot" gesetzte Zeit, was in aller Schärfe herausgestrichen werden muss, weil hier ein weiteres lähmendes Tabu zutage tritt, das, weil es herrscht, nicht ins Bewusstsein gelangt. Schon es anzusprechen heißt verstörend zu wirken.

Der Wahn von der toten Zeit

Die tote Zeit, die zunächst einmal von den reduktionistischen Naturwissenschaftlern unterstellt wird (ja ihre Grundlage ist!), ist zugleich eine geheimnislose bzw. geheimnislos-linear gedachte Bestimmungsgröße. Auch in „chaostheoretischen" und als „nichtlinear" bezeichneten Modellen natürlicher Abläufe ist dies im Kern nicht anders, auch wenn hier eingeräumt wird, dass präzise Voraussagen, wie sie die „klassische Physik" annimmt, nicht mehr möglich sind, besonders dann, wenn größere Zeiträume ins Spiel kommen.

In der einschlägigen Literatur wird dies maßlos übertrieben. Gälte es wirklich, müsste man konsequent jede Vorausberechnung oder Zurückberechnung nach bekanntem Muster, auch schon bei vergleichsweise moderaten Zeitspannen, aufgeben. Das geschieht aber in keiner Weise. Eher ist das Gegenteil der Fall. Es wird vorausberechnet und zurückberechnet, was der Computer hergibt. Also auch die vorgeblich nichtlinear und insofern Überraschungen in sich bergende „Chaos-Zeit", die so gern gegen die Newtonsche Zeit ausgespielt wird, ist bei Licht besehen, leblos und ohne wirkliches Geheimnis. Mit dem Begriff „Geheimnis" meine ich dezidiert nicht all jene Paradoxien und logisch-physikalischen Seltsamkeiten, die sich aus den mathematischen Weltmodellen, wie sie die Kosmologen verbreiten, ergeben.

Zeit gilt den Reduktionisten als geheimnislos-lineare und „mausetote" Ordnungsgröße der Welt. Zwar kann niemand das eigene Lebendigsein, die eigene Zeiterfahrung, das eigene Fließen und den Gestaltwandel in Richtung Tod (und, möglicherweise, in Richtung Nach-Tod-Bewusstsein und Wiedergeburt) dazu auch nur in die zarteste Beziehung setzen. Doch scheint das die wenigsten zu beschäftigen. Hier wird munter gerechnet und spekuliert („So ist eben die Wissenschaft."), dort dagegen, in der Sphäre des eigenen Lebendigseins, herrschen offenbar ganz andere Zeitgesetze. Oder nicht?

Dass es heikel und schon erkenntnistheoretisch schwer begründbar ist, die „äußere Zeit", die als messbar und tot gilt, von der „inneren Zeit" der Lebewesen abzukoppeln, sollte eigentlich zu größter Zurückhaltung, ja „Bescheidenheit" mahnen, was unser Verständnis der Zeit und ihres Mysteriums betrifft. „Sollte eigentlich ..."

Die Realität, wie jedermann weiß, sieht völlig anders aus. Der reduktionistische Geist kann nicht innehalten und will nicht innehalten, bevor nicht der letzte Flecken des Innen zum Außen geworden, in das kalte Neonlicht des Außen gezerrt worden ist. Das gilt allerorten als Wissenschaft. Nur ist dieses Projekt („Alles Innen soll zum Außen werden") bei der Zeit besonders heikel, ja desaströs und das Bewusstsein neurotisierend.

Letztlich geht es bei der Zeit, wie auch bei der Frage des Raumes, der des Lichtes und der Gestirne, um die alles entscheidende Frage: Wo sind wir? In was für einem Universum leben wir eigentlich? Wie stehen wir, als lebendige Wesen, darin? Wer sind wir im Raum, in der Zeit, auf diesem Gestirn? Und das sind keine theoretischen oder „nur" philosophischen, sondern zutiefst existenzielle Fragen und auch Fragen, die das Fundament der Naturwissenschaft, ihren sie bestimmenden und tragenden, ja ermöglichenden Grund betreffen. Und der enthält Basisannahmen über die Wirklichkeit überhaupt.

Wenn meine Hypothese der Radialfelder der Gestirne, wenigstens im Grundsätzlichen, haltbar ist, folgt daraus logisch-konsequent, dass es prinzipiell unmöglich ist, Voraussagen kosmischer oder natürlicher Geschehnisse in mathematischer Form zu machen, außer bei vergleichsweise sehr kleinen, überschaubaren Zeitabschnitten.

Es gibt keine Konstante

Die unendlich vielfältigen und subtil-differenzierten Wechselwirkungen, die im Gegeneinander der Raumenergiefelder der Gestirne entstehen, schränken unsere mathematisch unterfütterten Versuche erheblich ein, im Sinne eines sicheren Wissens Zeitabläufe kosmischer Dimension quantitativ zu erhellen und verstehbar zu machen. Hinzu kommt, dass alle als „Konstanten" geltenden Größen, also nicht nur die Lichtgeschwindigkeit, im kosmischen Geschehen der fließenden Zustandsänderungen der Radialfelder zu Variablen werden.

Um es noch radikaler zu formulieren (was den zu erwartenden Widerspruch erleichtert – man soll es auch seinen Kritikern nicht zu schwer machen): Kosmologie, als physikalisch begründbare Lehre vom Ganzen des Universums und der in ihm waltenden Gesetze, kann es nach meiner Überzeugung nicht geben. Indem ich dies so radikal sage, ziehe ich gleichsam die Geschäftsgrundlage der naturwissenschaftlichen Kosmologie in Zweifel.

Ein rundum lebendiges Universum, und das ist meine Prämisse, verweigert sich dem reduktionistischen Zugriff, wie er gemeinhin praktiziert wird. Dieses Universum ist nicht hineingepresst in die starre Linie der „Naturgesetze", wie sie die klugen Erdbewohner erkannt zu haben glauben.

Diese Naturgesetze sind Momentaufnahmen im kosmischen Fließgeschehen, kein ewig gültiger Kodex, der alle Zeiten und Räume alles beherrschend überwölbt und durchdringt. Wäre der Kosmos so beschaffen, wie die Reduktionisten vermuten und unermüdlich propagieren, würde keine Ameise, kein Grashalm existieren können, von den hoch organisierten Wesen, die über den Kosmos nachdenken, ganz zu schweigen. Ich habe das oft gesagt und werde es auch weiterhin sagen, auch wenn die Ohren, die das hören können oder wollen, nur langsam heranwachsen.

Mit Recht spricht Hartmut Müller von der „kolossalen Datenbank von unschätzbarem Wert" (raum&zeit, Nr. 114, S. 100), die uns die Messergebnisse der bisherigen Naturwissenschaft offeriert haben. Doch wenn diese Datenbank „zum Objekt einer ganzheitlichen wissenschaftlichen Recherche" werden soll, dann kann sie dies nicht „pur" und als solche, so als verstünden sich diese Messwerte von selbst, so als seien sie absolute Größen. Die „Masse" eines sogenannten Elementarteilchens etwa ist, um es vorsichtig und eher milde zu umschreiben, eine Größe, die nur in ganz bestimmten und vergleichsweise engen Grenzen der radialenergetischen Wechselwirkungen Bestand und Konsistenz hat.

Das kosmische Fließgeschehen, u. a. das der ineinander greifenden und Zustandsänderungen auslösenden Radialfelder, spült gleichsam jede Größe dieser Art binnen Kurzem hinweg. Was heißt „binnen Kurzem"? Damit sind in meinem Verständnis keine Megazeiträume nach bekanntem Muster gemeint, sondern wesentlich kleinere Zeiträume, ohne dass ich in der Lage wäre, diese präzise zu benennen. Wäre ich dazu in der Lage, würde meine Prämisse nicht mehr stimmen!

Dass die Zeiträume der Geologen und Paläontologen, die ja mit den Physikern wetteifern (wer nennt die größeren Zahlen?), keineswegs so festgemauert sind, wie oft behauptet wird, hat jüngst Hans-Joachim Zill-

mer in seinem provokativen und erfrischend undogma-
tischen Buch über die „Irrtümer der Erdgeschichte"
vorgeführt.

Man muss den Prämissen und Schlussfolgerungen
von Zillmer keineswegs in Gänze folgen, um einzuse-
hen, dass hier Schwachstellen und kritische Punkte be-
nannt werden, die geeignet sind, den gesamten Modell-
bau der herrschenden Geologie und Entwicklungslehre
(Darwinismus) einschließlich der behaupteten Zeiträume als zweifelhaft zu erweisen. Auch dieser Riese steht
auf tönernen Füßen, wie der Riese der Kosmologie, und
der bunt gewandet geglaubte Kaiser ist auch hier nackt.
Zillmer gleicht dem Kind in Andersens hochaktuellem
Märchen, das ausruft:

„Der Kaiser ist ja nackt."

Dafür ein Beispiel, das für viele stehen möge. Ich gebe
Zillmer selbst das Wort, um nicht durch die eigene Paraphrase seinen Gedankengang zu verfälschen:

„Unser wissenschaftliches Weltbild hat kein Modell
oder auch nur ansatzweise eine Erklärung für die
weltweite Bildung von Fossilien an oder in der Nähe
der Erdoberfläche. Schließlich ist klar, dass die Bil-
dung von Fossilien nur unter totalem Abschluss von
Sauerstoff vor sich gehen kann, da sich die organi-
schen Körper sonst zersetzen würden. Diese Bedin-
gungen gibt es jedoch höchstens als Ausnahme- und
nicht im Normalfall. Damit wäre unser schulwissen-
schaftliches Weltbild im Sinne des lyellistisch-darwin-
schen Dogmas (bezogen auf den Geologen Charles

Lyell, J. K.) auch nur ein Spezialfall, den es in dieser Art jedoch nicht gegeben haben kann. Ich unterstreiche noch einmal, dass Dinosaurier und andere Tiere nicht einfach durch Hangrutsche oder Sandschichten überschüttet zu werden brauchen, um zu versteinern. Diese oft nicht nur von Laien vorgetragene Meinung ist allgemein und global definitiv falsch. Dies gilt umso mehr, falls es im Sinne der Gleichförmigkeitstheorie nur schleichend langsam wirkende Evolutionsprozesse gibt. Eine Versteinerung muss im Gegensatz zu konventionellen Vorstellungen schnell vor sich gehen, damit der biologische Körper nicht verrottet." [13]

Soweit Zillmer. Kommen wir zum Ende des ersten Teiles dieser kleinen Betrachtung über die Zeit, der darauf abzielt, das allgemein Festgezurrte und für selbstverständlich Gehaltene zu verflüssigen, es gleichsam einzutauchen in ein geistiges Fließgeschehen, das dogmatische Brocken ins Meer zu tragen in der Lage ist. Das setzt naturgemäß voraus, dass man sich gedanklich „darauf einlässt" (wie man so schön sagt) und nicht gleich und im Schnellverfahren die eigene Ideologie in Anschlag bringt. Wer die Antworten zu haben glaubt, ist selten bereit und willens, gründlich zu fragen. Doch gerade bei dem Phänomen Zeit, das einer Sphinx gleicht, die den Fragenden schneller, als er glaubt, in den Abgrund stößt, ist es existenziell, philosophisch und auch naturwissenschaftlich geradezu geboten, unermüdlich und eindringlich zu fragen.

Dogmatische Antworten gibt es zur Genüge, nur hält buchstäblich keine von ihnen einer kritischen Betrachtung stand. Über die Zeit nachdenken und reden, das kann man nur, wenn man die Ganzheit unserer Zeiterfahrung einbezieht, also reduktionistische Verengungen so weit es irgend geht vermeidet. Ich will einige der Leitgedanken, die meinen Zeitreflexionen zugrunde liegen und diese bestimmen, noch einmal thesenartig bündeln. (Der zweite Teil des Zeit-Essays soll dann die Bewusstseinsdimension der Zeit, im weiten Sinne verstanden: die innere Kosmologie der Zeit, in das Zentrum der Betrachtung rücken.) Diese Thesen sind auf öffnende Denkbewegungen angelegt; ihre ausdifferenzierte Begründung ist nur in einem längeren Text zu leisten (nur in einem Buch).

Leitgedanken zur Zeit

1. Wir sind lebendige Wesen, die, wenn wir nicht (wofür nichts spricht) Oasenbewohner darstellen, aus einem lebendigen Universum hervorgegangen sind. Dieses Universum ist ein lebendiges, von brausendem Leben, von unzähligen Lebensformen erfülltes Universum.

2. Zu diesem in Gänze lebendigen (und intelligenten) Universum gehört eine rundum lebendige Zeit, wie wir sie auch mit jedem Wimpernschlag unserer Existenz erfahren. Die rundum lebendige Zeit ist keine Konstruktion ohne empirisches Fundament, sondern im Gegenteil gerade das, was die tiefste Verankerung in unserer Erfahrung hat. Demgegenüber ist die Vorstellung einer „mausetoten", einer abstrakten und gleichförmig-lineargeheimnislosen Zeit eine bloße Kopfgeburt.

3. Der Widerspruch zwischen der „Lebenszeit" der organischen Wesen einschließlich des Menschen, die eine in sich lebendige Zeit zur Grundlage hat, und der als abstrakt und rechenförmig gesetzten Zeit der reduktionistischen Naturwissenschaft ist augenfällig und kann von niemandem ernsthaft geleugnet werden.

4. „Objektive Zeit", die als messbar/mathematisierbar postuliert wird, und „subjektive Zeit", die der lebendigen Erfahrung, die man nicht zur Rechengröße machen kann, sind auch bei bestem Bemühen nicht naiv-direkt zur Deckung zu bringen. Aber, und das ist essenziell, ein Gesamtverständnis der Zeit lässt sich nur dann erarbeiten (sofern dies überhaupt möglich sein sollte), wenn man von der Erfahrung, von unserer Erfahrung als Leib-Seele-Geist-Gestalten ausgeht und nicht, wie es meist geschieht, von einer theoretisch-intellektuellen Konstruktion, die dann in einem beispiellosen Salto mortale zur Wirklichkeit erklärt wird. Das führt zu sich ständig neu gebärenden Irrtümern und Zirkelschlüssen, gegen die unsere lebendige Existenz revoltiert (revoltieren müsste, wenn wir uns nicht längst aufgegeben haben).

5. Zeit, die „kleine" unserer Tag-für-Tag-Erfahrung, und die „große", die der kosmischen Prozesse, ist ein durch und durch lebendiges, sich jedem starren Zugriff entziehendes Fließgeschehen. Die Unausweichbarkeit des Todes zeigt, dass dieses kosmische Fließgeschehen den Dingen, allen Dingen und Lebewesen, innewohnt und sie in der Tiefe durchdringt und bestimmt. Vielleicht hat Buddha Recht (um das noch einmal zu zitieren), wenn er sagt bzw. gesagt haben soll:

„Die Zeit ist wie der Strom des Karma."

Ist Zeit, buddhistisch gesprochen, gar identisch mit Karma? Sind beides nur verschiedene Begriffe für „eine Sache"? Mit Fragen dieser Art, die legitim sind, haben wir den naturwissenschaftlichen und auch philosophischen Rahmen unserer bisherigen Betrachtung gesprengt.

6. Es gibt keine Konstanten, keine „absoluten Größen", mit denen sich voraussetzungslos und „pur" gedanklich operieren lässt. Die gleitenden Zustandsänderungen der Raumenergiefelder lassen sich an keiner Stelle gleichsam festfrieren. Das gilt auch für die sogenannten Naturgesetze. Der Kosmos ist reichhaltiger und vielfacettiger, als die Reduktionisten aller Couleur annehmen.

* * *

„Der Zug der Zeit
mündet in den Tod,
der jedoch eher
Weitung und Wandlung
als finales Ende bedeutet.“

Das Mysterium der Zeit (II)

Gibt es eine Über-Zeit, die hellsichtige Wahrnehmungen erklären kann? Jochen Kirchhoff gelangt im zweiten Teil seines Zeit-Essays zu dieser Dimension, nachdem er subjektive Erfahrung und alte Weltanschauungen hinterfragt hat.

Die Erfahrungsdimension jedes Einzelnen hat gerade heute einen gegen Null gehenden Kurswert, weil „Experten" fast alle Lebensfelder besetzt halten und dem Menschen sagen, was er denken, fühlen und erleben kann. Sie gilt als „nur subjektiv", während das von den Wissenschaften Erschlossene oder auch nur Behauptete die höhere Weihe des „Objektiven" erhält. Überspitzt gesagt: Die Messung gilt als wirklicher als das Gemessene; die Simulation wird zur Sache selbst. Das, was früher Wirklichkeit hieß, hat sich, so scheint es, aufgelöst in einen abstrakten Nebel, in ein Netzwerk von Funktionen.

Wenn man sich der Zeit zuwendet, sich ihr anzunähern versucht (und mehr als Annäherungen wird es kaum geben), dann erweist sich diese Fähigkeit zur Abstraktion als besonders hemmend, ja in der gemeinhin praktizierten Art als Sackgasse.

Wissenschaft, als die systematisierte Suche nach formalen Zusammenhängen, nach der abstrakten Dekonstruktion und Rekonstruktion der Welt im üblichen Verständnis, ist bislang nicht in der Lage gewesen, das Mysterium der Zeit verständlich zu machen. Von außen lässt sich die „Festung der Zeit" nicht einnehmen. Alle

Rammböcke des analytischen Geistes, der reduktionistischen Wissenschaft, zerschellen an der Zeit wie an einer Stahlwand. So erscheint es konsequent, wenn gelegentlich von Wissenschaftlern gesagt wird, die Zeit entziehe sich grundsätzlich jedwedem Versuch, sie wirklich zu verstehen oder zu begreifen, „was sie eigentlich ist". Für das flächendeckende Projekt der abstrakten Naturwissenschaft trifft dies sicher zu. Das kalte Licht dieses Imperialismus erfasst die Zeit nicht.

Zeit von innen

Zeit kann nur von innen näherungsweise verstanden werden. Sie gehört zum Innen-Sein des menschlichen Bewusstseins, zur inneren Wirklichkeit der individuellen und kollektiven Psyche. Damit sind zwei Begriffe ins Spiel gebracht worden, an denen sich menschliches Denken in Jahrhunderten abgearbeitet hat: Bewusstsein und Wirklichkeit. Es soll der Versuch gemacht werden, hier eine gewisse Klärung herbeizuführen. Das ist nicht leicht, aber durchaus möglich. Es besteht kein Anlass zur geistigen Kapitulation. Man erhält einen tragfähigen Ansatz, wenn man eine der gewagtesten Behauptungen kritisch untersucht, die heute unter Neurophysiologen gang und gäbe ist und die im Kern auf die idealistische Philosophie zurückgeht. Viele Neurophysiologen erklären die erfahrbare Realität zur Kopfgeburt, zur bloßen Gehirnkonstruktion, ähnlich wie die idealistischen Philosophen den Koordinaten Raum und Zeit die Wirklichkeit absprechen bzw. deren empirische Realität (die schlechterdings nicht zu leugnen ist) zum

Schein degradieren. Raum und Zeit, so sagt etwa Kant, seien „Formen sinnlicher Anschauung" (und eben nichts Darüber-Hinausgehendes, keine eigenständigen Wirklichkeiten). Keiner der idealistischen Philosophen, auch Kant nicht, macht plausibel oder verständlich, wie es der menschliche Geist anstellt, aus einem raum- und zeitlosen Etwas (das als real gesetzt wird) eine so überwältigend wirklich erscheinende Raum-Zeit-Welt zu produzieren. Damit wird ja dem menschlichen Geist (nicht dem des je Einzelnen natürlich, sondern dem „Geist überhaupt", dem „transzendentalen Subjekt", so Kant) eine quasi weltschöpferische Potenz verliehen. Ganz in diesem Sinne nennt einmal der Psychologe C. G. Jung das Bewusstsein den „zweiten Weltschöpfer".[1]

Für die klassischen Idealisten ist dieses quasi weltschöpferische Bewusstsein (= der allen Menschen innewohnende Geist) eine metaphysische oder „übersinnliche" Größe.

Der Geist ist nicht außerhalb von Zeit und Raum

Die Neurophysiologen heute geben sich betont anti-metaphysisch. So sehen sie sich gezwungen, diese quasi weltschöpferische Qualität des Geistes ins Gehirn zu verlegen, ja mit diesem gleichzusetzen (Gehirn = Geist), womit sie natürlich in eine tückische Falle geraten sind. Denn wo ist das Gehirn, das die Raum-Zeit-Welt als eine Konstruktion hervorzaubern soll? Als gegenständliches Etwas fraglos in der Raum-Zeit-Welt. Wie auch anders? Aber was heißt das? Sind wir da nicht bei den berühmten sich selbst zeichnenden Händen des surrealistischen Malers M. C. Escher angelangt? Das Gehirn konstruiert die Raum-Zeit-Welt als integraler Teil eben dieser Welt. Um diesem Zirkelschluss oder geistigen Teufelskreis zu entgehen, haben einige Neurophysiologen ein eigentliches (und damit rein geistiges) Gehirn erfunden, das nicht identisch ist mit dem physischen Ding, das diesen Namen trägt.[2]

Ohne allzu großen Scharfsinn lässt sich erkennen, dass hier ein „Kopfsprung aus der Naturwissenschaft in spekulative Metaphysik" vorliegt, wie der Philosoph Hermann Schmitz schreibt.[3] Der Kopfsprung zeigt, dass ohne Metaphysik gar nicht auszukommen ist, auch wenn dies verbal geleugnet wird. Bewusstsein lässt sich reduktionistisch nicht erklären. Man kann auch bei bestem Bemühen das Innen-Sein des Bewusstseins nicht zum Außen-Sein machen. Wenn es dennoch versucht wird, sind Zirkelschlüsse, Widersprüche und schlechte (undurchschaute) Metaphysik die notwendige Folge.

Bewusstsein ist kein Ding, kein gegenständliches Etwas „da draußen", das sich räumlich oder zeitlich „dingfest machen lässt". Das Medium ist auch eine Art Fluidum, das uns umgibt und durchdringt und gründet. Hier ist der „metaphysische Ort", von dem aus das Bewusstseinswesen Mensch das Innen-Sein der Zeit erfährt. Und nur hier, und damit am Leitfaden einer inneren Phänomenologie, einer solchen des Bewusstseins, können wir uns annähern an das Rätsel der Zeit. Was immer wir sind, wir sind auch Zeitwesen, Gestalten in der Zeit, gleichsam konfigurierte Zeit. Das heißt nicht, dass wir darin aufgehen, uns darin erschöpfen, dass wir „nur Sterbliche" sind. Vielmehr spürt der Mensch eine Qualität oder Seinsschicht in sich, die die „zeitigende

Zeit", die lineare Zeit des Nacheinander überschreitet.

Die Zeit ist wirklich

Ich möchte einige Bemerkungen zum Begriff „Wirklichkeit" machen. Das ist auch deshalb sinnvoll, weil ich von einer wirklichen Zeit ausgehe bzw. von der Prämisse, dass das erfahrbare Innen-Sein der Zeit auf deren Wirklichkeit verweist. Zeit lässt sich nicht als Phantasmagorie oder Illusion oder bloßer Ordnungsfaktor der sinnlichen Wahrnehmung verstehen.

Alle unsere lebendige Erfahrung widerspricht dieser Annahme. Damit wird die Zeit keineswegs „entgöttlicht" oder entsakralisiert; eher trifft das Gegenteil zu. Zeit wird in ihrer höheren Seinswürde und kosmisch-menschlichen Wirklichkeit erschlossen, die im Göttlichen wurzelt.

Wirklichkeit lässt sich nicht definieren, weil wir keine Kriterien haben, die wir „von außen", von einer höheren Ebene aus, anlegen könnten. Wir sind sie. So wie wir Zeit bzw. Über-Zeit sind. So wie wir Bewusstsein (Bewusst-Sein) sind.

Das Ich-selbst-Leib-Sein

Am elementarsten erfahren wir Wirklichkeit als das uns unmittelbar Betreffende, wobei diese Unmittelbarkeit am stärksten ist und wirkt, wenn etwas geschieht, das uns „aus der Fassung bringt", also die Möglichkeit zur Distanzierung zerschlägt. Wer mit einer sein Leben gefährdenden Situation konfrontiert ist, etwa indem ihm ein anderer Mensch mit erkennbarem Tötungswillen gegenübertritt, erfährt sich jäh und spontan und mit größter Wucht als lebendig-wirkliche Ich-selbst-Leib-Existenz, an der jeder Zweifel abprallt. Mag man hinterher, wenn man der Gefahr entronnen ist, sich nüchternrational distanzieren, das Geschehene von sich wegrücken. Im Augenblick der tödlichen Konfrontation verdichtet sich das eigene Ich-selbst-Leib-Sein zum Äußersten, womit ein höchster Grad der unmittelbaren Wirklichkeit ins Bewusstsein tritt. Und damit ist keineswegs, wie man oberflächlich schließen könnte, eine „nur subjektive Wirklichkeit" ins Spiel gekommen, die vor der „eigentlichen Wirklichkeit" (= der „objektiven") abzuleiten wäre, der damit ein höherer Rang zuerkannt wird. Die extreme Situation zeigt nur etwas Grundsätzliches und Repräsentatives in unserem Verständnis von Wirklichkeit: Ohne ein erlebendes, empfindendes und (in welchen Graden auch immer) bewusstseinserfülltes Wesen kann Wirklichkeit, die diesen Namen verdient, gar nicht erfahren und sinnvoll gedacht werden, wenn man nicht – wie von vielen praktiziert – von vornherein eine abstrakte Schimäre zur Wirklichkeit erklärt. Die neurophysiologischen Entsprechungen der skizzierten Bedrohungssituation sind keine Kausalfaktoren. Was im Bewusstsein, in der leiblichen Wahrnehmung geschieht, hat sein Korrelat in Gehirnvorgängen. Mehr nicht, aber auch nicht weniger. Wie sich die eine Ebene zur anderen verhält, also die lebendige Erfahrung zu ihrer Entsprechung im Gehirn, ist damit nicht erklärt. (Ich kenne niemanden, der sie je überzeugend erklärt hätte.) Wirklichkeit, so könnte man formelhaft sagen, ist stets Bewusstseinswirklichkeit. Zeit, verstanden als wirkliche Weltqualität, ist damit stets Bewusstseins-Zeit, was man nur sinnvoll behaupten kann, wenn man den Begriff Bewusstsein weiter und tiefer fasst, als dies üblicherweise geschieht. Es gibt gute Gründe, auch den unter-ichhaften Wesen der Pflanzenwelt, ja der sogenannten anorganischen Materie, Bewusstseinsqualitäten zuzuordnen, auch wenn es schwer für uns ist, hier einen direkten, einen unverstellten Zugang zu gewinnen. Bewusstsein – als Bewusst-Sein – ist die Innenseite der Welt, ohne die alles Äußere kollabieren würde. Die Annahme einer schlechthin bewusstseinsblinden oder toten „Außenwelt" gehört zu den erstaunlichsten Phantasmen des menschlichen Geistes. Eine derartige „Außenwelt" wäre grundsätzlich unerkennbar.

Gestaltwandel als Bewusstseinswandel

Nach allem, was wir aus dem Innen-Sein unseres eigenen Bewusstseins und den uns zugänglichen Phänomenen der natürlichen Welt erschließen können, ist die Bewusstseinsdimension, die Innenseite der Formen und Gestalten, eine solche der Entwicklung, der Wandlung, des Werdens. Bewusstsein, so ließe sich thesenhaft sagen, ist zugleich Bewusstseinsevolution.

Allem Gestaltwandel liegt ein Bewusstseinswandel zugrunde. Der Kosmos als Ganzes unterliegt keinem Werdeprozess, der alle Einzelheiten an eine absolute Zeitskala bindet, wie aus der Urknallfiktion abzuleiten wäre. Aber alle kosmischen „Systeme", Gestalten, alle großen Organismen (Gestirne) sowie die Lebewesen auf den jeweili-

gen Kugeloberflächen, sofern diese als Leben-ermögli-
chend anzusprechen sind, sind eigenen Zeitskalen und
Zeitrhythmen unterworfen. Auch wenn sich dies nicht
mit letzter Sicherheit verifizieren lässt, kann doch ge-
schlossen werden, dass diese Skalen und Rhythmen
„zielorientiert" sind, also teleologisch, da einem Ziel –
Telos – zugeordnet, das einem großen Attraktor gleicht.
Es gibt offenbar „Kosmos-Attraktoren", die alles Be-
wusstseinswerden in Richtung auf die höchst erreich-
bare Bewusstseinsstufe „ziehen", was einen unaufhörli-
chen Gestaltenwandel zur Folge hat, und, in schroffem
Gegensatz dazu, „Chaos-Attraktoren", wobei Chaos hier
als Formlosigkeit und Bewusstseinsblindheit, nicht
aber als höhere Ordnung im Sinne der populären „Chaostheorie" verstanden werden soll.[5]

An der Grenze des Erschließbaren

Bemerkungen dieser Art deuten auf einen Grenzbereich, der sich mit den Mitteln des philosophischen
Denkens und der naturwissenschaftlichen Rasterung
nicht adäquat erschließen lässt. Genau genommen ist
die Zeit überhaupt ein solcher Grenzbereich, der das
Denken auf das Äußerste herausfordert. An windigen,
schlecht gestützten Theorien ist wahrlich kein Mangel,
aber diese stellen allenfalls eine Selbstbespiegelung des
menschlichen Geistes dar, dokumentieren seine enorme
Fähigkeit zu (zum Teil halsbrecherischen) Projektionen.
Nun wird sich kaum behaupten lassen, um das oben
Gesagte noch einmal anzusprechen, dass Bewusstsein,
in welcher Stufe oder Ebene auch immer, seinem Wesen

nach zeitlich bzw. der Zeit unterworfen ist bzw. sich darin erschöpft. Es gibt sicher einen „Anteil" im Bewusstsein, der den linearen Zeitfluss, das irreversible Nacheinander von „Es war" und „Es wird sein" überschreitet. Alle spirituellen Überlieferungen und Strömungen schöpfen aus diesem „Anteil" des Bewussteins, der auf einen Geburt- und Todübergreifenden Kern im Menschen verweist. Dieser Kern wird offenbar nicht nur „durch die Zeiten hindurchgetragen", sondern er stellt das stets anwesende und mitwesende Telos (= Ziel) jedweder Bewusstseinsentwicklung dar, die höchste Gestalt des Bewusstseins, die einerseits „in ferner Zukunft" liegt, andererseits aber ständig gegenwärtig ist, aber als solche vergessen wurde. Kurzformel dafür: „Werde, was du bist!"

Der Mensch im lebendigen Kosmos

Was schon im ersten Teil dieses Zeit-Essays anklang, soll hier unmissverständlich und pointiert gesagt werden: Wenn das Universum, in dem wir leben, bis in die feinsten Verästelungen und höchsten Formen hinein lebendig und bewusstseinserfüllt ist (und dies gehört zu meinen zentralen Prämissen), dann kann es keine „tote Zeit" geben, genauso wenig wie es einen „toten Winkel" gibt. Schon aus der richtig verstandenen Radialfeld-Hypothese ist dies in Grundzügen ableitbar. Die herrschende Kosmologie ist eine gigantische Projektionsblase, in der sich die kollektive Neurose ein Spiegelbild ihrer selbst erschuf. Dazu gehören auch die (unhaltbaren) Megazeiträume, die jedes menschliche Be-

wusstsein zerschmettern. Ertragen kann das lebendige
Wesen Mensch nur eine Zeit, die ihm einen lebendigen
Zeit-Ort, ein lebendiges „Wann" zuordnet. Menschen
wollen wissen (jenseits von Arbeitsplatz, Bankkonto
und Ego), wer sie sind, wo sie sind und wann sie sind.
Genau dies leisten ja kulturell gestützte Zeitrechnun-
gen. Hier hat der Einzelmensch einen Zeit-Ort, ein
„Wann", das ihn auch dann trägt oder integriert, wenn
er die der Zeitrechnung (etwa der christlichen) zugrunde liegende metaphysische Behauptung (etwa den
heilsgeschichtlichen Rahmen) gar nicht akzeptiert.
Auch gewinnt der Mensch Zeit-Ort und integratives
„Wann" in den sozialen, kulturellen, epochalen Zusammenhängen, in denen er sich bewegt. Nur hat ihm die
Naturwissenschaft erst einmal eingeredet, dass diese
menschlich-kulturellen Bezüge „objektiv", d. h. bezogen
auf die erfassbare Realität „da draußen", nur eine kollektive Illusion sind. Das hat zu der bekannten Spaltung
oder Schizophrenie geführt, die etwa den „Forscher" in
eine „private Person" und in einen der vorgeblichen
Objektivität dienenden Registrierapparat aufteilen.

Motto: Ich lebe als Mensch unter Menschen in einer
sozialen Behausung, die eigentlich, in Relation zu der
betäubenden Leere und monströsen Seltsamkeit der
kosmischen Welt, eine pure Konstruktion ist. Menschensphäre und kosmische Sphäre fallen vollständig
auseinander. Das spiegelt sich auch im Nachdenken
über die Zeit.

Schicksalszeit

In der Astrologie wird von einer „Schicksalszeit" ausgegangen, von je eigenen und ganz verschiedenen Zeitqualitäten, die sich durch kosmische Konstellationen bestimmen. Wie immer man zur Astrologie steht, sicher ist, das der Gedanke einer durchgängig waltenden Schicksalszeit, die überdies kosmisch fundiert ist, etwas Großartiges und auch philosophisch Fruchtbares hat. Eine andere Frage ist, ob Gedanken dieser Art naturwissenschaftlich haltbar sind, ob sie verifiziert werden können. Ich möchte das auf sich beruhen lassen.

Die astrologisch verstandene Schicksalszeit weist naturgemäß Analogien auf zu dem Buddha zugeschriebenen Wert, die Zeit sei „wie der Strom des Karma" (siehe erster Teil des Zeit-Essays). Auch in den Denkrahmen der Zeit als Werden und Entwicklung zum höchsterreichbaren Bewusstsein lässt sich die buddhistisch verstandene „karmische Zeit" integrieren. Damit sind drei Konzepte genannt, die ich, im Sinne einer philosophischen Arbeitshypothese, für tragfähig halte:

• das Konzept der Schicksalszeit (das kann man abkoppeln von der Verengung, die die traditionelle Astrologie bedeutet)
• das Konzept der Zeit als Bewusstseinsevolution („gezogen" vom Kosmos-Attraktor des höchsterreichbaren Bewusstseins)
• das Konzept der karmisch geprägten Zeit (kosmisches Werden einschließlich des menschlichen Werdens als Manifestation von Karma, also „Tat" und „Tatenfolge" von entscheidungsfähigen Wesen).

Indem ich diese drei Konzepte ernst nehme, habe ich mich von dem Großteil dessen verabschiedet, was hier als „exakte Wissenschaft" mit der Gloriole der „Objektivität" so hohes Ansehen genießt. Ich tue das nicht leichtfertig, sondern als Ergebnis jahrzehntelanger Denkbemühungen und Erkundungen des menschlichen Bewusstseins (auch und gerade in seinen Grenzregionen). Den genannten drei Konzepten möchte ich ein viertes an die Seite stellen, dessen (umrisshafte) Fundierung noch zu leisten ist: das der Über-Zeit, jener rätselhaften Medialzone zwischen empirischer oder linearer Zeit und dem Transzendenten oder Göttlichen. Gerade in der Über-Zeit liegt, wie ich meine, der Schlüssel zum Verständnis der Zeit überhaupt.

Der Fluss und das Flussbett

Als kurzer Einschub, der der Klärung dienen mag, soll hier noch eine Differenzierung skizziert werden, die häufig unbeachtet bleibt, obwohl sie essentiell ist: die zwischen der Zeit als Fluss und der Zeit als Flussbett. Das berührt das Paradox, dass die Zeit

> *„einerseits ein Prozess ist – der sogenannte Fluss der Zeit, der darin besteht, dass die Vergangenheit wächst, die Zukunft schrumpft und die Gegenwart sich verschiebt – und andererseits der Rahmen und das Feld, worin sich alle Prozesse abspielen",*

so Hermann Schmitz in „Spielraum der Gegenwart" [6].

„Man kann versuchen, diese Vermengung zu entwir-
ren, indem man die modale Lagezeit (= philosophi-
scher Terminus für die in diesem Sinne „paradoxe
Zeit", J. K.) in einen stehenden und einen fließenden
Anteil spaltet. Die stehende Zeit ist dann die reine
Lagezeit als eine starre Skala, an der der Fluss der
Zeit wie jeder andere Prozess abgemessen werden
kann. So hat sich Kant die Zeit vorgestellt. (…) Die
fließende Zeit wäre dann ein lagezeitlich geordneter
Geleitzug, bestehend aus der Vergangenheit mit der
(absoluten) Gegenwart an ihrer Spitze, so dass sich
dieser Geleitzug in die Zukunft hineinfräße und diese
beständig und gleichförmig schrumpfen ließe."
(Noch einmal Hermann Schmitz) [7]

Was hier philosophisch differenziert und zugleich an-
schaulich-bildhaft zur Sprache kommt, ist fast jedermann in seiner Alltagserfahrung von Zeit und Zeitbe-
trachtung vertraut. Und doch wird es selten tiefer reflektiert, was nicht verwundert, da die Zeit – als Zeiterfahrung – alles grobe oder eindimensionale Denken
aushebelt.

Die Zeit und der Tod

Das beständige und gleichförmige Schrumpfen der Zukunft, von dem Schmitz spricht, ist für viele Menschen
mit Angst besetzt. Der Zug der Zeit mündet in den Tod,
der jedoch, nach allen grenzüberschreitenden Erfahrungen, die dem Menschen zugänglich sind, eher Weitung und Wandlung als finales Ende bedeutet.[8] So ist es

keineswegs ausgemacht, dass die Zeit (des Menschen) die Rechenart der Subtraktion bevorzugt, wir also immer ärmer werden, weil wir, in dieser Inkarnation, immer weniger Zukunft „haben". Was kann uns der Tod nehmen? Uns selbst jedenfalls nicht, wenn wir das eigene Selbst in seinem tiefstmöglichen Sinn verstehen, also nicht als platte Egoität.

Insofern gilt: Wir sind der Tod. Das heißt: Jeder ist schon jetzt in der Tiefe seine eigene Nach-Tod-Gestalt. Jeder ist schon jetzt der, der er „als Toter" sein wird. Insofern lebt der Tod mit bzw., anders gefasst, existiert er gar nicht; jedenfalls nicht so, wie er meist betrachtet (und gefürchtet) wird. „Reductio ad essentiam" (= die Zurückführung auf das Wesentliche, die Essenz), so nannte der Philosoph Schelling den Tod. Vielleicht sind wir im Tode und „als Tote" mehr wir selbst als „zu Lebzeiten". Dieses „Mehr" sind wir schon jetzt. Und wir können es kontaktieren. – Alle relevanten spirituellen Strömungen haben dies immer gewusst. Nichts Wirkliches kann vergehen. Die Zeit zu betrachten, ohne den Tod einzubeziehen, ist müßig. Der Zusammenhang von Nach-Tod-Zustand und Über-Zeit ist in anderen und höheren Bewusstseinszuständen erkennbar.

Alle Zeiterfahrung, die von der „Zeit selbst" zunächst nicht getrennt werden kann, lässt sich schwerpunktmäßig aus der Perspektive des „Es war", aus der des „Es ist" und aus der des „Es wird sein" betrachten und werten. Natürlich erleben wir ständig alle drei Zeitmodi als ein Ineinander (häufig genug auch als verwirrendes Durcheinander), schon allein deshalb, weil sie sich wechselseitig bedingen und voraussetzen. Die Vergangenheit ist nur sie selbst, weil es die Gegenwart gibt.

Diese wiederum konstituiert sich durch den Horizont der Zukunft genauso wie durch alles, was sie ermöglicht hat, also die Summe des Vergangenen. Und das Morgen und Übermorgen ist nur es selbst, weil es das Heute – und das Gestern – gibt bzw. gegeben hat. Und doch gibt es die genannten Perspektivenschwerpunkte und deren Verschiebung, die sich mehr unbewusst als bewusst einstellen und die seelische „Färbung" der Dinge prägen.

Wie wirklich ist die Zukunft?

Wo ist die Zukunft jetzt? Wer davon ausgeht, dass die Zukunft vorausgesehen, vorausgewusst werden kann, behauptet damit implizit deren Wirklichkeit jetzt. Das was kommen wird, ist dann in irgendeinem Sinne schon jetzt vorhanden, womit die Zukunft das verliert, was viele mit ihr verbinden: den offenen Horizont, den Fächer der Möglichkeiten. Damit sind Freiheitsgrade angedeutet, die im Geschehen enthalten sein müssen, wenn wirklich so etwas wie Offenheit der Zukunft existiert. Sind die Dinge im Sinne der „klassischen Physik" streng kausal miteinander verknüpft, wobei Kausalität und Determinismus fast zur Deckung kommen, ist naturgemäß die Freiheit eine Illusion. Wie sie dennoch zu retten sei, das hat etliche Denker seit Jahrhunderten beschäftigt. Seit der Quantentheorie glaubt man da einen Schritt weiter zu sein, was aber die Freiheitsfrage auch nicht löst, – zumal noch keineswegs entschieden ist, ob es nicht hinter oder in den von der Quantentheorie beschriebenen Phänomenen Kausalfaktoren gibt, die nur bislang verborgen sind. In der „Kopenhagener Deutung" der Quantenmechanik wird dies strikt zurückgewiesen, obwohl es durchaus in sich stimmige Ansätze gibt, die Quantenphänomene kausal zu deuten.

In der „klassischen Physik" (bewusst in Anführungszeichen, ich halte den Begriff für irreführend, auch wenn er zur gängigen Münze geworden ist), also der auf der „Newtonschen Himmelsmechanik" basierenden Physik, ist es im Prinzip möglich, wenn die Bestimmungsstücke des gegenwärtigen Zustandes bekannt sind, die Zukunft exakt vorauszuberechnen. Der Mathematiker Laplace, bekennender Newtonianer und „Weiterdenker" in Sachen Himmelsmechanik, hat hieraus die Fiktion eines „Weltdämons" entwickelt, der in der Lage ist, das gesamte Weltgeschehen bis in alle Einzelheiten und in alle Zukünfte hinein vorauszuberechnen. Wer der deterministisch verstandenen Kausalität anhängt, wird zugestehen müssen, dass diese Fiktion zwar monströs, aber in der Substanz kaum zu entkräften ist. Sind auch die als „akausal" gedeuteten Phänomene im Letzten kausal bestimmt (was viele Gegner der Quantentheorie annehmen), ist das Gespenst des „Laplaceschen Dämons" wieder aktuell. Zeit ist dann natürlich nur eine geheimnislose, eine rundum gleichförmige, ja langweilige Koordinate der Welt, die den lebendigen Menschen wenig bis gar nicht angeht.

In die Zukunft sehen

Nun gibt es fraglos und in erdrückender Fülle belegt „Vorausgriffe" auf die Zukunft, die üblicherweise als „paranormal" gelten, etwa die Präkognition, die die Parapsychologie zu erforschen sucht. Der Philosoph Schopenhauer übrigens hat die zu seiner Zeit bekannten Phänomene von Präkognition, an denen er nicht zweifelte, gerade als Beleg angeführt für die strenge Kausalordnung der Dinge und als Beleg für die Idealität der Zeit. Im geistig-visionären Vorausblick auf die Zukunft oder bestimmte Facetten der Zukunft ist der Mensch in der Lage, in jene Tiefenschicht der Dinge einzudringen, in der „alles schon geschehen ist", in der die lineare Zeit aufgehoben ist bzw. als Schein entlarvt wird zugunsten eines zeitenthobenen Zugleich. In dieser Sicht geschieht nichts Neues, wenn der täuschende Schleier der Kausalität und des zeitlichen Nacheinander einen wenn auch winzigen Riss aufweist, in einem Grenzzustand des Geistes, wird in diesem Riss der zeitüberlegene Weltengrund erkennbar. Das mag phantastisch klingen, ist aber in sich konsistent gedacht.

Wie ist Präkognition möglich?

Dieser Frage muss sich jeder stellen, der über die Zeit nachdenkt, – es sei denn, er leugne die Phänomene, was aber intellektuell unredlich ist. Also, wie ist ein Vorauswissen von Teilen der Zukunft möglich, das nicht einfach trivial ist (wie vieles, was morgen geschieht und schon heute erkennbar ist)?

Es gibt, die Authentizität der präkognitiven Phänomene vorausgesetzt, nur eine überzeugende Lösung des Problems, die schon angeklungen ist: Zumindest Teile der Zukunft müssen schon jetzt wirklich vorhanden und damit auch geistig-seelisch zugänglich sein, auch wenn es schwer ist, in einem solchen Fall die so geliebte Freiheit und den als offen angenommenen Horizont der Zukunft zu retten. Was heißt aber „jetzt schon wirklich vorhanden"? Ist denn wirklich alles Nacheinander in der tiefsten Tiefe nur ein Nebeneinander, ein Zugleich, womit ja die empirische Realität der Zeit verschwindet? Haben doch diejenigen recht, die der Zeit jede „wirkliche Wirklichkeit" absprechen? Die letztere Frage kann eindeutig verneint werden, schon deswegen, weil die hier in Frage stehenden Zusammenhänge, die offenbar tief in das Räderwerk der Welt hineingreifen, viel zu subtil sind, als dass sie sich mit einem schlichten Dualismus – hier die erfahrene Zeit, „dort" das zeitentrückte Zugleich – erfassen ließen. Wer die präkognitiven Erfahrungen, unter anderem in sogenannten veränderten Bewusstseinszuständen, die die Bewusstseinsforschung der letzten 30 Jahre eingehend erkundet hat, vorurteilsfrei und ohne die Brille einer einengenden Ideologie durchdenkt, der müsste zu der Hypothese kommen, dass es eine Art Medialzone geben muss, die zwischen dem zeitlichen Nacheinander unserer Empirie und dem höheren (oder gar absoluten) Nebeneinander jenseits davon existiert. Diese Medialzone nenne ich Über-Zeit. Und ich meine, dass damit ein Stück „Annäherung an die Wirklichkeit" in den Blick gerät, um den Untertitel meines Buches „Die Anderswelt" aufzugreifen, in dem diese Dinge eingehend behandelt werden.

Die Über-Zeit

Über-Zeit in meinem Verständnis ist ein Hilfsbegriff, der auch durch einen anderen ersetzt werden könnte (wenn sich denn ein anderer als treffender und hilfreicher erweisen sollte). Sie ist keine „Hyperzeit" als abstraktes Modell, analog dem „Hyperraum", der auch nichts mit unserer lebendigen Raumerfahrung gemein hat, sondern eine Schicht des lebendigen Bewusstseins, die in grenzüberschreitenden Erfahrungen durchaus kontaktiert werden kann. Eine Schicht, die übrigens offenbar für die Musik, primär die sogenannte hochkulturelle Musik, von ursächlicher Bedeutung ist.

Die musikalische Qualität der Zeit

Schon an einem schlichten melodischen Verlauf oder Bogen lässt sich das alles Nacheinander Übergreifende des musikalischen Verlaufes deutlich machen. Die Melodie als Melodie, also als ihre Entfaltung übersteigende Ganzheit, ist notwendig in jedem ihrer Teilstücke anwesend. Wir hören im gerade erklingenden Ton oder Teilstück sowohl das Vergangene, also alle früheren Töne oder Teilstücke der Melodie, als das Zukünftige, also das, was erst erklingen wird. Und das keineswegs nur, wenn wir die betreffende Melodie schon kennen, so dass wir uns im Hören an sie erinnern, sondern auch dann, wenn wir die Melodie nicht kennen. Wir hören das Ganze, die Ganzheit, die lebendige Klanggestalt des musikalischen Geschehens. Jeder Musiker, ob Interpret oder schöpferischer Komponist, weiß das in unterschiedlichen Graden. Es ist geradezu konstituierend für Musik überhaupt, wenn die Töne nicht abstrakte Konstruktion sind, was dann nicht mehr als Musik gelten kann. Der Hilfsbegriff Über-Zeit ist nun noch zu erweitern um die Frage der Retrokognition, also die geistige Vergegenwärtigung von Teilen der Vergangenheit, zu denen wir erinnerungsmäßig keinen für uns fassbaren Zugang haben (können).

Wie wirklich ist die Vergangenheit?

Wo ist die Vergangenheit jetzt? Wenn die Hypothese der Über-Zeit in meinem Verständnis haltbar ist, müsste sie sich auch anwenden lassen auf die Vergangenheit, insbesondere auf jene rätselhaften Bewusstseinsphänomene, in denen Vergangenes wie gegenwärtig-wirklich auftritt, was das Tages- und Wachbewusstsein in Verwirrung stürzen kann, weil es in der Regel darauf nicht eingestellt ist und damit „nicht rechnet". Nun kann man Vergangenheit und Zukunft, auch im Rahmen der Hypothese der Über-Zeit, nicht ohne Weiteres gleichsetzen, wie es etwa in dem populären Phantasma der „Zeitreise" geschieht (dazu weiter unten mehr). Alles Vergangene ist zunächst einmal gewesen, es ist ein Nicht-Mehr, und als solches entzieht es sich der Möglichkeit, es zu verändern. Der Wille z. B. kann nicht zurückwollen. Man nicht ungeschehen machen, was einmal geschehen ist. Man kann es umdeuten und damit in der Vorstellung verändern, aber die Vergangenheit ist damit in ihrem Wirklichkeitsstatus, also als frühere Gegenwart, nicht berührt. (Nur der buchstäblich Zeitreisende wäre dazu in der Lage.) Insofern hat das Vergangene eine grundsätzlich andere Qualität als das Zukünftige. Schon das ist in der idealistischen Fiktion (= Zeit als Illusion) nicht gegeben. Hier besteht kein substantieller Unterschied von Nicht-Mehr und Noch-Nicht. Diesen Unterschied gänzlich zu leugnen, führt in einen Irrgarten der Fiktionen, in dem jede erfahrbare Wirklichkeit zerstrahlt.

Mag also alles Nicht-Mehr, alles „Es war", ein Heimatrecht in der Über-Zeit haben, wie auch alles Noch-Nicht, alles „Es wird sein", von der empirischen Welt aus gesehen, so gibt es eben doch gewichtige Unterschiede. Und diese Unterschiede haben mit dem Jetzt, der Gegenwart zu tun. Selbst wenn man dem Jetzt, dem „Es ist", den absoluten Wirklichkeitsstatus streitig macht, also es tiefgreifend relativiert oder integriert in ein höheres, weiteres Konzept von Zeit/Über-Zeit, bleibt das Jetzt dennoch ein machtvoller Felsen, der sich nicht ohne Gewalt von der Stelle rücken lässt. Und das weiß und erfährt auch jeder unausgesetzt, auch wenn es schwer ist, einen „Jetztpunkt" auszumachen (der ohnehin eine Abstraktion ist). Es gibt fraglos ein Feld des Jetzt, das sinnvolles Agieren überhaupt erst möglich macht. Und dieses Feld des Jetzt ist die Grundlage unserer Weltorientierung. Gerät es massiv ins Wanken, etwa in transpersonalen oder auch pathologischen Verschiebungen des „Normalbewusstseins", so kommt die Ich-Navigation unserer Alltagsorientierung ins Wanken. Das kann nicht ernsthaft geleugnet werden. Und wir tun gut daran, zu welchen „Höhenflügen" mit Blick auf die Zeit wir uns auch immer aufschwingen, diesen Sachverhalt zu beherzigen.

Die Zeit speichert und verwandelt

Im Jetzt ist zugleich stets das Vergangene anwesend, auch wenn es nicht bewusst erinnert wird. Das Jetzt konstituiert sich durch die Summe der vergangenen Geschehnisse. Wer einen geliebten Menschen verloren hat und daran an einer nicht heilen wollenden Wunde leidet, weiß direkt und elementar, dass es ein Nicht-Mehr gibt, dass alles Vergangene, so wie es war (als reale Gegenwart), unwiederbringlich dahin ist, dass es so nicht wiederkehrt, nicht wiederkehren kann. Hält man Reinkarnation für wirklich (und dafür spricht viel), dann mag es, in dem genannten Fall, eine Wiederbegegnung geben, aber diese ist nicht denkbar ohne tief greifende Verwandlung. Was immer der Tod ist oder mit uns macht, er ist ein großer Verwandler. Kein Mensch geht unverwandelt durch diese Pforte, die der Exkarnation.

Wenn also die Vergangenheit, wie auch die Zukunft, in der Über-Zeit enthalten ist, was ihr eine gewisse, allerdings schwer zu fassende Gegenwärtigkeit verleiht, dann heißt das nicht, dass nun alles Nicht-Mehr und alles Noch-Nicht zusammenfielen und sich quasi auflösten. Gerade das ist offenbar nicht der Fall. So müssen wir uns dazu bequemen, der Über-Zeit rätselhafte und wohl auch zutiefst paradoxe Eigenschaften zuzubilligen, die den rationalen Geist überfordern.

In der Über-Zeit ist die Vergangenheit als Vergangenheit anwesend und mitwesend. Und: In der Über-Zeit ist die Zukunft als Zukunft anwesend und mitwesend. Die unterschiedlichen Seinsqualitäten beider Modi bleiben also erhalten, in einem höheren Sinne bewahrt;

sie verschwinden nicht. Dennoch sind beide Zeitmodi rätselhaft gegenwärtig, also in weit stärkerem Grade, als dies in unserer Alltagserfahrung ohnehin der Fall ist. Das Feld des Jetzt erhält unaufhörlich Zustrom von der, in diesem Sinne gegenwärtigen, Über-Zeit. Das Vergangene, als einstmalige Wirklichkeit, lebt dort, ist dort „eingespeist" und kann derart abgerufen oder kontaktiert werden. Es ist ein kosmisches Buch, in dem im Prinzip jeder alles Vergangene, etwa seiner selbst, „nachlesen" kann. Die Seiten dieses kosmischen Buches, die die Zukunft enthalten oder Teile der Zukunft, sind anders lesbar. Hier konfigurieren sich Potentiale, höhere, umfänglichere Gestalten, die durchaus wirklich sind, aber „anders wirklich" als die Gestalten der Vergangenheit. In gewisser Weise sind sie unschärfer, ohne deswegen matte oder kraftlose Schemen zu sein. In den platonischen Ideen scheint etwas durch von der so umrissenen Über-Zeit. Und in gewissem Sinne können wir uns sogar an die Zukunft „erinnern". Das hebt die Freiheit, als Entscheidungsfreiheit, nur scheinbar auf. Gleichwohl gerät gerade hier, beim Freiheitsproblem, das Denken an eine eiserne Grenze.

Zeitreisen als technisches Phantasma

Viele halten reale Reisen durch die Zeit für möglich. Selbst Materialisten neigen gelegentlich zu dieser Annahme. Meist wird dabei kein Unterschied gemacht zwischen Vergangenheit und Zukunft, wodurch beide Modi, wie in der idealistischen Philosophie, seltsam planiert, jedenfalls zu beliebig zu betretenden Räumen werden. In der erstaunlich populären Idee der Zeitreisen verbindet sich ein spiritueller mit einem technischen Impuls. Zeitreisen faszinieren viele Menschen, auch wenn sie sie für unmöglich halten, weil sie ein Schlupfloch in der Realität zu sein scheinen, ein Riss im Zeitnetz gleichsam, das uns umstrickt hält. In der Zeitreise steigt man aus dem Zeit-Ort der Gegenwart aus, um sich an einen anderen Zeit-Ort zu begeben, der weit von dem gegenwärtigen entfernt ist, sei es in der Zukunft, sei es in der Vergangenheit. Wenn man „ankommt", und dies ist essentiell, ist man wirklich dort, also nicht nur in der Imagination oder als eindringlicher Tagtraum. Sind Zeitreisen im buchstäblichen Sinne wahr, ist man mehr als nur Voyeur in einer anderen Epoche; man nimmt teil, man kann im Prinzip „mitspielen" oder eingreifen. Man taucht nicht in eine Phantasiewelt ein, sondern in eine real existierende Zeitzone jenseits der Gegenwart.

Ist diese Zeitzone die Vergangenheit, könnte man – theoretisch – die Gegenwart beeinflussen. Ist die Zeitzone die Zukunft, stürzen wir in einen anderen Abgrund: Die real oder gleichsam plump-massiv existierende Zukunft vernichtet unsere Freiheit. Alles wäre schon geschehen.

Aus bestimmten Formalismen der modernen Physik ziehen viele den Schluss, dass Zeitreisen realisierbar sein müssten. Ich bin der Überzeugung, dass diese Formalismen, schon als sie selbst, entkräftet werden können. Partiell sind sie in meinem Buch „Räume, Dimensionen, Weltmodelle" entkräftet worden. Aber auch philosophisch-gedanklich erweist sich der Gedanke der buchstäblichen und real-leiblichen Zeitreise als unhaltbar. Zeitreisen, dies habe ich in meinem Buch „Die Anderswelt" gezeigt, kollabieren an ihren eigenen Widersprüchen und Paradoxien. Wären sie real möglich, würde der Mensch zum Herrn über die Zeit; das würde seine eigenen Grundlagen untergraben, die Zeit selbst aushöhlen. Es liegt auf der Hand, dass das nicht gehen kann.

Das aufweisbar Unmögliche einer buchstäblichen Zeitreise sagt nichts gegen die archetypische Idee, die ihr zugrunde liegt und ihre enorme Wirksamkeit bestimmt. Wenn es so etwas gibt wie eine Über-Zeit, in der die Vergangenheit (noch immer) lebendig ist und offenbar auch Teile der Zukunft bereits existieren, sowohl als Gestalten als auch als Potentiale, ist der Gedanke nahe liegend, dass es „Quasi-Zeitreisen" gibt, also Bewusstseinsreisen in die Über-Zeit, die uns Kunde gewinnen lassen von Dingen und Geschehnissen, die weit zurückliegen und zu denen wir keinen direkten Zugang haben können, oder solche, die den offen geglaubten Horizont der Zukunft berühren. Teile der Zukunft jedenfalls scheinen nicht offen zu sein, sondern rätselhaft wirklich und wirkend, ja ausgestattet mit einer machtvollen Strahlung, die alles Gegenwärtige überflutet.

Veränderte Bewusstseinszustände dokumentieren die prinzipielle Möglichkeit von Reisen in der Über-Zeit und der Überschreitung der linearen Zeitgrenze. Darin liegt eine erhebliche Herausforderung für das Denken über die Zeit. Erst die Über-Zeit macht das Faszinosum der Zeitreisen verständlich, auch wenn deren buchstäbliche Wirklichkeit verneint werden muss und sie sich „nur" im Bewusstsein abspielen.

Zeit und Zahl

Der 11. September (amerikanisch: nine-eleven) 2001 hat viele zu numerologischen Spekulationen veranlasst, wie übrigens schon der 9. Nov. 1989 (9/11), der Tag des Mauerfalls. Was immer derartige Versuche wert sind, ein Ereignis wie den Terroranschlag in den USA numerologisch zu fassen, sicher ist, dass ihnen ein Ahnen zugrunde liegt von der archetypischen Ordnungskraft ganzer Zahlen. Diese ist tief verankert in der menschlichen Psyche und müsste, wenn die These von der kosmischen Dimension des Bewusstseins stimmt, auch kosmische Wurzeln haben. Alle Kulturen der Menschheit wissen davon, auf je verschiedene Weise war und ist die Vorstellung verbreitet von der numinosen, göttlichen/quasi-göttlichen Potenz der ganzen Zahlen, vor allem niedriger ganzer Zahlen. Schon der einfachste Zählakt verbindet Zeit und Zahl, und in der Musik lässt sich dieser Zusammenhang beispielhaft aufweisen. Das Dur-Moll-tonale System der abendländischen Musik basiert auf einer zuhöchst ausdifferenzierten und fein abgestimmten Ordnung ganzer Zahlen, die auch die Ordnung und Qualität der Intervalle prägt.

Schon für Platon war die Zeit „das sich in Zahlen bewegende Abbild" des Einen (= des Göttlichen). Und es hat neben dem rein quantitativen, auf Funktionen und Abstraktionen beruhenden Zahlensystem, dem der herkömmlichen Mathematik, stets ein anderes, auf Qualitäten beruhendes Zahlensystem gegeben, das offenbar dem Lebendigen als Ordnungsprinzip innewohnt und auch die Zeit als Bewusstseins-Zeit bestimmt. Oswald Spengler, der Mathematiker und Kulturphilosoph, un-

terschied die „mathematische Zahl" von der „chronolo-
gischen Zahl"; die erstere bedeute Tod und lebensferne
Abstraktion („Zahlen töten", wie Spengler sagt), die andere dagegen lebendige Wirklichkeit, die mit Zeit als
erlebter und erfahrener Geschichte zu tun hat. Zwar ist
die chronologische Zahl im Sinne Spenglers nicht unbe-
dingt gleichzusetzen mit den numinosen Ordnungsprin-
zipien im Sinne des „qualitativen Pythagoreismus" (im
Gegensatz zum rein quantitativen), aber dass es Zusammenhänge gibt, ist evident. Die Ordnungskraft der Zahl
Sieben etwa für organische Prozessabläufe ist erweisbar, und dies auch jenseits zahlenmystischer Spekulationen. In der eher qualitativen Zahlenordnung werden
die ganzen Zahlen – ganz bestimmte ganze Zahlen –
gleichsam zu Säulen der kosmischen Wirklichkeit; sie
werden zu eigenständigen, metaphysisch, ja magisch
wirksamen Individualitäten. Selbst Mathematiker übrigens sind gelegentlich von derartigen Zahlenindividua-
litäten überzeugt, von der werthaltigen, seelischen oder
numinosen Qualität ganz bestimmter (meist niedriger)
ganzer Zahlen.

Ernst Jünger schreibt in seinem großartigen Essay
„Zahlen und Götter" (von 1974):

*„Wer die Zahlen für wirklich hält, darf auch die Götter
für wirklich halten; sie steigen beide aus dem gleichen
Grund empor."* [9]

*„Die Frage nach der Wirklichkeit der Zahlen berührt
auch den Nerv des Nominalismus-Streites ... Auf die
Zahlen bezogen, würde das Problem lauten: Kommt
ihnen, obwohl mit ihnen gerechnet wird, auch eigener
Wert und unberechenbare Größe zu? Das glaubten die*

Pythagoräer, und es vermutet im Grunde jeder, der Daten und Schicksal verknüpft. (...) Die pythagoräische Zahl ist musisch und orphisch; sie entzieht sich der logischen und metrischen Anordnung. Sie ist nicht zu beziffern und sondert sich von der mathematischen Zahl insofern, als sie Werte anzeigt und nicht Größen, Mengen, Entfernungen. Das Orphische kann sich mit dem Mathematischen vereinen und mit ihm zusammenspielen wie Melos und Rhythmus im Gesang." [10]

„Die Zahl als Ziffer ist den Göttern feindlich, und ihr Triumph bedeutet deren Sturz."

So weit Ernst Jünger. [11]

Man kann das für die Frage nach der Zeit und ihrem rätselhaften Wesen fruchtbar machen. Ganze Zahlen als Ordnungsfaktor archetypischer, ja kosmischer Herkunft sind zwar aus dem allgemeinen Bewusstsein, im Zuge der Totalverzifferung der Welt, verbannt worden, führen aber in den Tiefenschichten der Psyche ein ganz eigenes und durchaus machtvolles Leben. Warum etwa interessiert es uns so oft, wie alt jemand ist? Das ist mehr als eine nur vordergründige, der Neugier geschuldete Frage. Fast haben wir den Eindruck, als sei die Zahl der zurückgelegten Jahre ein schicksalhaftes Etikett, das somit etwas auszusagen vermag über den betreffenden Menschen. Warum ist das so oder wird zumindest von vielen, meist unbewusst, so empfunden?

Versuche, die Zukunft zu erschließen über bestimmte zahlenmäßige Anordnungen, Proportionen, Rhythmen und Ähnlichem, sind weit verbreitet, auch bei jenen Zeitgenossen, die sich rational und aufgeklärt geben.

Es muss „etwas auf sich haben" damit, wenn wir Bewusstseinsphänomene und ihre kosmische Verankerung ernst nehmen wollen.

Nur psychologisch oder als archaische Relikte sind derartige Vorstellungen nicht zu erklären. Sie müssen einer tieferen Wirklichkeit aufliegen oder auf sie verweisen. Und ganz sicher sind die in dem genannten Sinne qualitativen Zahlen, die Zahlen als ganzzahlige Individualitäten und „Schicksalswerte", in der Über-Zeit verankert und wirksam.

Das Verhältnis von Zahl und lebendiger Zeit ist ein ganz eigener und sehr subtiler Bereich, den auch nur in Annäherungen angemessen darzustellen, hier nicht geleistet werden kann.[12]

Sich der Zeit zu nähern, in kreisenden, fragenden, behutsam tastenden Formen, ist nur zu leisten, wenn man von der kosmischen Kraft und Tiefenverankerung des Bewusstseins ausgeht. Nur eine subtile Bewusstseinsphänomenologie, die auch die anderen, höheren oder transpersonalen Bewusstseinszustände einbezieht und als „Material" herauszieht, erscheint mir geeignet, der Bewusstseinswirklichkeit der Zeit und alles Zeitigenden gerecht zu werden. Nur im Innen-Sein des uns zugänglichen Bewusstseins, das wir weniger „haben" als vielmehr sind, befinden wir uns in der Zeitfestung. Und wie ich schon eingangs vermerkt habe: Von außen, mit den bekannten Instrumentarien des analytischen und reduktionistischen Geistes, ist diese Festung nicht einzunehmen. Bislang jedenfalls sind ausnahmslos alle Versuche dieser Art gescheitert.

* * *

„Die ‚Aussenseiter-Naturwissenschaft‘
folgt einem Muster, das die
Mainstream-Wissenschaft
vorgegeben hat:
Verkünde deine Lehre
wie ein religiöses Dogma.“

„Mathematik kann
echte Physik,
echte Naturerkenntnis
nie ersetzen.“

Erkenntnis und Wirklichkeit

Was weiß die Naturwissenschaft? Teil 1: Kritisches zum mathematisierten Okkultismus der Physik

Herkömmliche Physiker haben sich hinter ihren Gemäuern verschanzt. Dort tüfteln sie immer weiter an Plänen und Konstruktionen, ohne sie mit dem wirklichen Leben abzugleichen. So der häufige Vorwurf alternativer Naturwissenschaftler. Viele von ihnen sind jedoch keinen Deut besser, kritisiert der Philosoph Jochen Kirchhoff. Nicht selten sind ihre Modelle noch reduktionistischer und weltfremder als die der klassischen Physik.

Dass sich die Naturwissenschaften seit langem schon in einer Grundlagenkrise befinden, pfeifen mittlerweile die Spatzen von den Dächern, obwohl es noch immer viele gibt, die dieses Pfeifen nicht hören.

„Wir wissen selbst nicht, worüber wir reden.",

räumt der amerikanische Nobelpreisträger David Gross ein.

„Es ist eine Phase äußerster Verwirrung." [1]

Und Lee Smolin von der University of Waterloo vermerkt:

„Heute ist das meiste, was Theoretiker über die Grundlagen der Physik publizieren, nicht überprüfbar. Das würde ich eine Krise nennen." [2]

Von dem, was früher als empirische Naturwissenschaft galt und ideell noch immer gilt, hat sich der Großteil der sogenannten theoretischen Physik radikal verabschiedet. Und das geht wesentlich weiter, als die Matadore dieser hochspekulativen Wissenschaft großmütig einräumen. Im Grunde steht kein Stein mehr auf dem anderen. Von „äußerster Verwirrung" zu reden, ist sicher berechtigt, aber zugleich zu wenig. Und zwar deswegen, weil dabei übersehen wird, dass die neuzeitliche Physik (und von der soll im Folgenden die Rede sein) praktisch von Anfang an keine wirklich soliden Grundlagen hatte. Jedenfalls gilt dies für den Hauptstrom dieser Disziplin. Im Einzelnen hat es unzählige Achtung gebietende Leistungen und Erkenntnisse gegeben, aber im Ganzen und bezogen auf das Fundament, die Grundlagen, ergibt sich ein eher trauriges Bild.

Man kann ohne Übertreibung sagen, dass jenes so wuchtig hingetürmte Gebäude der Physik über einem gähnenden Abgrund hängt, dass es kaum mehr ist – und seit je war – als „mathematisierter Okkultismus".[3] Der formale Zusammenhang der Phänomene wurde und wird näherungsweise mathematisch beschrieben, und dies mit durchaus konkurrierenden mathematischen Verfahren und Modellen, aber die Hauptsache, die Natur selbst – ihr Wesen, ihre Qualität und ihre Wirklichkeit – bleibt seltsam unterbelichtet, ja fast völlig verborgen (= okkult).

Das gilt für den Hauptstrom, die Mainstream-Naturwissenschaft, aber auch – und das ist wichtig – für den größten Teil der sogenannten alternativen Ansätze. Auch hier wird nur allzu häufig ohne Fundament gebaut, ja es fehlt meist an erkenntniskritischer Reflexion über die eigenen Prämissen und Voraussetzungen. Viele halten diese Reflexion für eher lästig und hemmend. Wozu denken, wenn man messen, rechnen und technisch simulieren kann? Wozu fragen, was die Dinge „eigentlich" oder „wirklich" sind? „Dat kriege me später", wie es in der „Feuerzangenbowle" heißt. Wozu sich jetzt damit beunruhigen?

Epochale Schizophrenie

Was weiß die Naturwissenschaft? Diese Frage wird kaum ernsthaft gestellt. Wer eine bestimmte alternative Richtung favorisiert oder das gläubig ergeben hinnimmt, was mainstreammäßig als „Stand der Wissenschaft" gilt, meint ohnehin zu wissen oder am Wissen der anderen zu partizipieren. Und in der Regel ist der Einzelne ohnehin hoffnungslos überfordert. Was soll er schon einwenden, wenn ihm die „Kosmologen" das Universum erklären, wie es sich in ihren Köpfen und auf den Computerbildschirmen präsentiert? Was weiß die Naturwissenschaft über ihren Gegenstand, eben das, was noch immer als Natur gilt, genauer als Natur gesetzt wird? Ist der berechenbare Kräftezusammenhang der Dinge oder ihr mathematisch-abstraktes Skelett im anonymen Beobachtungssubjekt die gleiche Natur wie das, was ein lebendiger Mensch, unendlich vielfältig und differenziert, als rundum lebendige Um- und Mitwelt erfährt? Die meisten heute würden sagen, dass das Eine das Andere ja nicht ausschließen muss; es gibt eben zwei grundlegend verschiedene Blickweisen auf die Dinge: den eher subjektiv oder seelisch-geistig geprägten und den eher objektiv-messend geprägten Blick. Dieser Gegensatz, um das klar zu sagen, ist trivial. Ihn so festzustellen, führt keinen Millimeter weiter, ja er dient eher dazu, das ganze Problem, um das es hier geht, zu bagatellisieren. Jemand kann die Geige spielen und gerne durch Wald und Flur streifen und zugleich, so erforderlich, ein *„knallharter Wissenschaftler"* sein, – kalt, analytisch, eine Art Registrierapparat ohne Seele und Gefühl. Dass beides zusammengeht, ist sattsam bekannt. Gleichwohl bleibt es gespenstisch, und die Schizophrenie, die eine epochale ist, ist mit Händen zu greifen. So weit, so gut. Aber wir müssen die Fragen denn doch tiefer ansetzen, um uns dem Thema „Erkenntnis und Wirklichkeit" zu nähern.

Was wollte Heisenberg?

Mit Werner Heisenberg, einem der Gründerväter der Quantentheorie, hatte ich im Sommer 1974, eineinhalb Jahre vor seinem Tod, ein langes, intensives Gespräch über die Frage der naturwissenschaftlichen Erkenntnis, und zwar ausgehend von der Goethe-Newton-Kontroverse über Licht und Farben und von Helmut Krauses Darstellung des „Raumenergiefeldes", wie er sie in dem

Buch über den „Baustoff der Welt" entwickelt. Einmal sagte Heisenberg zu mir:

„Sie wollen etwas ganz anderes als die Physiker."

Dem stimmte ich in der Grundrichtung zu. Um die hier angedeutete Differenz schärfer in den Blick zu nehmen, forderte ich ihn auf, seinerseits – möglichst gebündelt in einem einzigen Satz – zu sagen, was er als Physiker „wolle". Heisenberg sagte (und ich gebe das hier wörtlich wieder):

„Ich will die Natur verstehen, und zwar so genau verstehen, dass Voraussagen möglich sind." [4]

Eine interessante Aussage, die schlaglichtartig die Erkenntnissituation der modernen Physik, aber auch die der neuzeitlichen Physik überhaupt, erhellt. Naturwissenschaftlich zu verstehen wird hier, unlösbar, an zwei zentrale Faktoren geknüpft: Präzision und Voraussagekraft. In diesen beiden Faktoren liegen Triumph und Elend der abstrakten Naturwissenschaft seit Galilei verborgen. (Den Begriff der „abstrakten Naturwissenschaft" für die neuzeitliche Physik als Ganzes hat meines Wissens Heisenberg geprägt.)

Vom (uneingestandenen) Dogmatismus der Physik

Die Naturwissenschaftler – hier vor allem die theoretischen Physiker, die Astronomen und die „Kosmologen" – sind stolz auf die Erklärungsleistung ihrer Methoden und Prinzipien und verstehen es virtuos, sich in Szene zu setzen und über die Medien eine weitgehend unkritische Öffentlichkeit für sich zu gewinnen. In der Form sind sie gelegentlich geschmeidig, betonen auch schon mal die Vorläufigkeit und das bloß Hypothetische ihrer Forschungsergebnisse, aber in der Sache sind sie in der Regel „knallhart" (um das Wort ganz bewusst noch einmal zu benutzen). Genauso „knallhart" sind übrigens die meisten der sogenannten alternativen Naturwissenschaftler, genauso dogmatisch und völlig unbeeindruckt durch tiefer gehende Einwände. Jeder, der seine „Privat-Naturwissenschaft" im Gepäck hat, die er in zähem und nervenaufreibenden Kampf gegen die Mainstream-Wissenschaft behaupten musste, tut sich schwer damit, die eigenen Prämissen kritisch zu hinterfragen oder Schwachstellen der von ihm favorisierten Theorie auch nur einzuräumen, geschweige denn sich ihnen wirklich zu stellen. Ich sage dies aus der Erfahrung vieler Gespräche heraus. Die „Außenseiter-Naturwissenschaft" folgt damit einem Muster, das die Mainstream-Wissenschaft vorgegeben hat und das sich in folgenden Maximen zeigt: Verkünde deine Lehre wie ein religiöses Dogma, also ohne Relativierungen! Mach dich immun gegen Einwände, das heißt, wenn sie kommen, halte eisern dagegen und gib vor allem nie zu, dass deine Sache auch Schwachstellen und Lücken aufweist! Denn wenn du dies tust, wird der Gegner dir das ganze Gebäude einzureißen versuchen. Und so weiter ... Präzision und Voraussagekraft – das sind zwei machtvolle Faktoren, eiserne Säulen sozusagen, an denen kaum jemand zweifelt. Man kann das, beispielhaft, an der Quantentheorie und an dem Grundansatz der neuzeitlichen Physik überhaupt demonstrieren, welch letzterer praktisch für alle Naturwissenschaftler eine Art Geschäftsgrundlage darstellt. An dieser Geschäftsgrundlage deuten auch die alternativen Wissenschaftler, von wenigen Ausnahmen abgesehen, nicht herum. So will ich mich dieser zunächst zuwenden, um dann im 2. Teil des Essays die Quantentheorie und das ja seit 30 Jahren populäre Thema „Naturwissenschaft-Spiritualität" einer philosophisch-kritischen Betrachtung zu unterziehen.

Behalten wir im Auge: Es geht hier zentral um die Frage nach dem Verhältnis von Erkenntnis und Wirklichkeit in Bezug auf die Naturwissenschaft, wobei ich mich auf die Physik beschränke, die über Jahrhunderte hinweg Leitfunktionen hatte und, mit Einschränkungen, immer noch hat. Also: Was weiß die Physik? Ein kurzer Blick auf die Entstehung der neuzeitlichen Physik ist dabei vonnöten, auch deswegen, weil die Kenntnis der Wissenschaftsgeschichte in der Regel erstaunlich gering ist und von vielen für entbehrlich gehalten wird. Man kann aber die genannte Geschäftsgrundlage der Naturwissenschaft gar nicht verstehen ohne die geistesgeschichtliche Problemlage, aus der sie erwuchs. Und diese Problemlage war fast ausschließlich die durch den Kopernikanismus entstandene Herausforderung.

Fünf Fragen zur kopernikanischen Herausforderung

Das vorkopernikanische (ptolemäische) Weltbild mit der Erde als Mittelpunkt des Kosmos war ein hocheffizientes mathematisches Weltmodell, präzise und voraussagestark. Planetenpositionen konnten mit dem sogenannten Epizykelsystem erstaunlich genau vorausberechnet werden. Dagegen hatte das heliozentrische Weltsystem zunächst wenig Chancen, sich großflächig durchzusetzen, zumal es dem Augenschein so radikal widersprach. Wenn die Erde, die Kopernikus geistig loskoppelte und in jagende Fahrt versetzte, sich so rasend schnell durch den Raum bewegt, wie im heliozentrischem System angenommen, dann müsste sich, so vermeinten viele, ja die meisten, diese Bewegung der Erdkugel auf deren Oberfläche als der Lebenswelt des Menschen irgendwie doch bemerkbar machen. Davon war aber nichts zu merken. Alle Vorgänge auf der Erdoberfläche verliefen beziehungsweise verlaufen so, als ob sich der Planet in einer Ruhelage befände. Dieses durchaus quälende Problem hat die neuzeitliche Physik in gewisser Weise erst entstehen lassen. Es erhob sich die Frage:

1. Wie kann der uns tragende Boden auf der Erdoberfläche von uns als ruhend empfunden werden, wo er sich doch – kopernikanisch – rasend schnell bewegt? Das war sozusagen die physikalische Nuss, die es zu knacken galt. Ist es gelungen? Die meisten würden sagen, ja, – ich dagegen meine: nein, es ist nicht gelungen. Diese Frage ist von der Physik niemals befriedigend beantwortet worden. Dazu gleich mehr.

Neben dieser ersten Frage der scheinbaren Ruhe bei gleichzeitiger Bewegung gab es weitere Fragen, die der Kopernikanismus aufwarf:

2. Was bewegt die Gestirne? (Die sie tragenden und sich

drehenden Kristallsphären des Ptolemäus fielen ja nun weg; Kopernikus hielt noch an ihnen fest, aber Giordano Bruno zerschlug sie.)

3. Was hält die Gestirne im Raum? (Als Kinderfrage formuliert: Warum fallen Mond, Sonne und Sterne nicht herunter?)

4. Wie ist das mit der Schwere, die man ja nun grundstürzend neu denken musste? Was ist sie überhaupt, wie entsteht sie, und so weiter?

5. Wie steht der aus der kosmischen Mitte vertriebene Mensch nun im Weltall? Ist der Mensch nun zum heimatlosen Nomaden in einer Himmelswüste geworden, oder befindet er sich als lebendiges Wesen in einer lebendigen Weltgesamtheit?

Galileis Engführung –
der Verzicht auf die Wesensfrage

Die fünfte Frage hat die Physik nie ernsthaft interessiert, weil sie sich im Kern auf jenen Teil der Welt konzentriert, den sie für objektiv oder objektivierbar hält. Zwar schwingt die Mensch-Kosmos-Frage irgendwie mit, aber sie ist kein zentrales Thema und kann es auch nicht sein, weil dies bedeuten würde, Wirklichkeit umfassend zu verstehen, als Zusammenwirken von Innen und Außen, von Leben-Seele-Geist und Materie-Energie. Dieses Zusammenwirken, außer in ganz abstrakter Form, wird aber komplett negiert. Schon Galilei macht das. Ganz bewusst und dezidiert verzichtet er auf die Wesensfrage und beschränkt sich auf die mathematisierbare Oberfläche der Welt. Zunehmend verdampft die Welt im kalten Zugriff der abstrakten Naturwissenschaft zum toten Weltmodell, in dem der lebendige Mensch zum Fremdkörper wird. Der Technikhistoriker Lewis Mumford spricht von dieser Weichenstellung als dem „Verbrechen Galileis".

Die Beschränkung auf die Oberfläche der Dinge, auf das sogenannte Objektive, hat auch dazu geführt, dass die neuzeitliche Physik den Fragen eins bis vier gegenüber völlig versagt hat. Warum sich die Gestirne bewegen, was es mit der Gravitation auf sich hat und was die Gestirne im Raum hält, wurde in der herrschenden Physik nie befriedigend geklärt. Und damit blieb auch die beunruhigende Frage nach der scheinbaren Ruhe auf der Erdoberfläche bei gleichzeitig rasender Fahrt, die am Anfang der neuzeitlichen Physik stand und diese eigentlich erst hat entstehen lassen, unbeantwortet.

Reduktionistische Gravitationstheorien

Viele sind zunächst überrascht, wenn sie hören, dass die genannten Fragen nicht wirklich beantwortet sein sollen. Bei der Gravitation zumindest hat es sich herumgesprochen, dass die Mainstream-Physik hier wenig mehr zu bieten hat als abstrakte Schemen beziehungsweise mathematische Beschreibungen, die leidlich gut funktionieren, das heißt in Grenzen Voraussagen und technische Anwendungen ermöglichen. So blühen, seit Jahrzehnten, die alternativen Gravitationstheorien. Fast alle diese Theorien aber, soweit ich sie kenne, sind nicht erklärungsstärker als die Mainstream-Theorien. Sie sind mathematisch-abstrakt und/oder primär technisch und bewegen sich damit in Gänze auf der Linie, die Galilei und Newton vorgegeben haben. Sie sind genauso subjektblind und leblos wie die herrschenden Ansätze. Eine wirkliche Erklärung, die diesen Namen verdient, wird nicht geliefert. Die Geschäftsgrundlage der neuzeitlichen Physik wird nicht ernsthaft in Frage gestellt oder in seiner Brüchigkeit und Einseitigkeit kritisch reflektiert. Oft sind die sogenannten alternativen Naturwissenschaftler noch stärkere Reduktionisten als diejenigen, von denen sie sich abgrenzen wollen. Und Reduktionismus ist immer Abschleifung der lebendigen Wirklichkeit zugunsten der objektivierbaren Oberfläche, die zuerst in ihre Bestandteile zerlegt und dann abstrakt zusammengesetzt wird, wobei die Ganzheit der Phänomene verschwindet.

Wirklichkeit als ganzheitliche Erfahrung

Wirklichkeit kann nur Erfahrungswirklichkeit sein, andernfalls wäre sie ein bloßes Konstrukt des Verstandes. Und daraus folgt, dass die Erkenntnis dieser Wirklichkeit, die ja den Erkennenden notwendig einschließt, kein abgespaltener oder isolierter Vorgang sein kann, bei der der Beobachter die „Welt da draußen" wie eine Bühne vor sich hat, die er distanziert vom Sessel aus betrachtet. Dieser Bühnencharakter der objektiven Welt wird aber wissenschaftlich propagiert und auch praktiziert. Fernrohre werden in die kosmische Umwelt gestoßen, und auf den Bildschirmen flimmern die Simulationen. Die Wirklichkeit im eigentlichen Sinne ist dabei längst zerstrahlt, um nicht zu sagen: verblutet. Auf echte Erkenntnis zielendes Denken – als Nachdenken der Wirklichkeit unter Einschluss der lebendigen Erfahrung – findet nicht statt, ja ist geradezu verpönt und wird als „nur philosophisch" abgetan. Nur das monotone und monochrome Außen (das natürlich dem gleichermaßen trostlosen Innen entspricht) gilt als Natur, die nun der Röntgenblick der Mathematiker und Analytiker zu durchdringen sucht. „Der Kosmos ist wie ein Spiegel", lautet ein altpersisches Weisheitswort. Es ist kaum anzunehmen, dass man draußen – etwa im Weltall – brausendes Leben wahrnimmt, während es drinnen eher leblos und reduziert zugeht. Der Kosmos in seiner Lebendigkeit springt uns nicht aus den Computern entgegen. Wirklichkeit ist da nun wahrlich nicht zu finden, sondern nur im ungeteilten Wechselspiel von innen und außen, von Geist-Seele-Bewusstsein-Ich und Materie-Energie.

Wir brauchen eine „andere" Naturwissenschaft

Das ist dann nicht mehr „Wissenschaft" im eingeschränkten Wortsinn, wie sie mainstreammäßig und auch von der Mehrheit der alternativen Naturwissenschaftler betrieben und gefeiert wird. Was eine „andere" Naturwissenschaft sein könnte, die nicht reduktionistisch ist und die die genannten fünf Ausgangsfragen zu beantworten versucht, habe ich in meinem Buch „Räume, Dimensionen, Weltmodelle" umfassend dargestellt. Im Übrigen auch in mehreren Essays in dieser Zeitschrift. Im Mittelpunkt des Werkes steht ein nicht-reduktionistischer Erklärungsversuch der Gravitation und des kosmischen Lichtes, der in der Konsequenz zu einem vollständig von Leben und Bewusstsein erfüllten Kosmos führt und dabei die Vorstellung der glühenden Gasbälle als Projektion und Fiktion plausibel macht.[5]

Damit entfällt auch die Fiktion der abstrakten Einheit der Welt, die von der nie bewiesenen und auch unbeweisbaren Annahme ausgeht, dass überall jene sogenannten Naturgesetze gelten, wie wir sie von unserem irdischen Blickwinkel aus zu registrieren glauben, was die Erdoberfläche oder deren Nähe seltsam absolut setzt. Es gibt gute Gründe für den Verdacht, dass die herrschende Naturwissenschaft die eigentlichen Naturgesetze gar nicht kennt, sondern nur deren Zerrspiegel aus der irdischen Perspektive, den auch gigantische Fernrohre nicht überschreiten können. Vom „Radialfeld" aus und seinen Wechselwirkungen mit anderen Radialfeldern wird dies verständlich. – Dass eine echte Relativierung des irdischen Standortes nie geleistet worden ist, weil man im Prinzip immer noch am ptolemäischen Ansatz klebt (=die Erdoberfläche als schlechthin gültiger Maßstab), wird gelegentlich, wenn auch selten, von einzelnen Physikern eingeräumt.

Die Zentralfiktion der Physik

Ein Letztes zu diesem ersten Teil: Wie stellen sich eigentlich die Physiker, als Speerspitze der abstrakten Naturwissenschaft, zu der Initialfrage, warum wir nichts merken von der rasenden Bewegung des uns tragenden Planeten? Was hier geäußert und als Antwort ausgegeben wird, basiert auf einem Grundaxiom der sogenannten klassischen Mechanik: Ruhe und kräftefreie (geradlinig-gleichförmige) Bewegung werden als äquivalent gesetzt. Wer sich so bewegt, glaubt sich im Ruhezustand. Die geradlinig-gleichförmige Bewegung ist kräftefrei, sie braucht keine fortwährend wirksame Antriebsursache, allenfalls einen Stoß zu Beginn.

Die Bewegung eines Gestirns gilt als ursachelose Perpetualbewegung, letztlich als unaufhörlicher Fallvorgang. Die Gestirne fallen umeinander herum, ihrer „Masseträgheit" folgend. Die Gravitation der Sonne etwa krümmt die Fallbahn der Erde. So fällt die Erde um die Sonne herum, idealiter ohne zeitliche Begrenzung.

Eine verblüffende Fiktion, die selbst einige Physiker zum Grübeln gebracht hat. Eine wirkliche Trägheitskraft wird nicht angenommen, und so ist die Trägheit ein „kausales Paradox" (wie Carl Friedrich von Weizsäcker sagt), eine Art von Bewegungsursache, die dies aber zugleich nicht sein kann, ja darf! Natürlich weiß jeder halbwegs kritische Physiker, dass wir uns hier auf heikelstem, weil durch und durch fiktivem Boden bewegen. Das sogenannte Relativitätsprinzip der Naturwissenschaftlichen Mechanik (übrigens eine wichtige Quelle für das spätere, ähnlich fiktive Einsteinsche Relativitätsprinzip) soll nun der Grund dafür sein, dass die von uns erfahrene Ruhe auf der Erdoberfläche wie abgeschirmt ist von der Bewegung (= Fallbewegung) des Planeten. Eine Fiktion reinsten Wassers muss also herhalten, um eine Elementarerfahrung auf der Erde kompatibel zu machen mit der Bewegung des Erdganzen. Die berechenbaren Faktoren lassen sich nun so einander zuordnen, dass das ganze System mathematisch konsistent wirkt, während die Frage, um die es eigentlich geht, im abstrakten Nebel verschwindet.

Die geradlinig-gleichförmige Trägheitsbewegung, die der Ruhe entspricht, ist sozusagen die Ur- und Zentralfunktion der kosmischen Bewegungslehre der Mainstream-Physik. Die Einsteinschen Fiktionen sind eigentlich hier schon angelegt (was viele Einstein-Kritiker nicht sehen).

Das Abstrakte ist nicht wirklich

Dass die moderne Kosmologie kaum den Anspruch erheben kann, so etwas wie empirische, also auf Erfahrungen basierende, Naturwissenschaft zu sein, lässt sich ohne großen Denkaufwand einsehen.[6] Aber das gilt auch, was nur wenige ahnen, für erhebliche Teile der abendländischen Physik, wie schon die im Grunde monströse Vorstellung des Umeinander-Herumfallens der Weltkörper belegt, die ohne echten Erklärungswert ist, nicht unähnlich dem Epizykel-System der vorkopernikanischen Welt. Ein hohes Maß an Abstraktion gilt heute als Ausweis von Wissenschaftlichkeit; für mich ist die gesamte abstrakte Naturwissenschaft ein Beleg für Wirklichkeitsferne und neurotische Abspaltung. Das Abstrakte schlechthin ist ohne jede Wirklichkeit; es ist eine pure Fiktion, ein „Als-Ob", eine schlaue Konstruktion, die den machtförmig-technischen Zugriff auf die Phänomene ermöglicht. Die Mathematik – jeder kritische Mathematiker weiß das – ist erkenntnistheoretisch ein Abgrund. Und die Anwendung der Mathematik auf die Natur ist nur in engen Grenzen möglich und sinnvoll. Sie kann echte Physik, echte Naturerkenntnis nie ersetzen. Die enge Koppelung der Physik an die Mathematik, wie sie global gang und gäbe ist, ist rein ideologisch motiviert; sie dient dem herrschenden Technikwahn, der den Planeten bald restlos ruiniert haben wird, wenn nichts Einschneidendes geschehen sollte. – Das Weltbild der abstrakten Naturwissenschaft hat nur wenige wirklich empirische, das heißt auf Erfahrung beruhende Elemente, etwa den kopernikanischen Ansatz. Der Rest ist eine gigantische Phantasmagorie, die alles höhere Denken zermalmt. Dass alle Welt vor dieser Phantasmagorie bewundernd steht, wie es scheint, wirkt beklemmend, zumal auch hier, wie verbreitet, mit abstrakter Inbrunst an dem Ast gesägt wird, auf dem wir alle sitzen. Die faschistischen „schwarzen Löcher" als Sternenfresser sind nur ein besonders krasses Beispiel dafür, dass der Erdling seinen eigenen Irrsinn in die Sternenwelt projiziert. Urknall und Atombombe sind zwei Seiten einer Münze ...

* * *

„Wie so häufig ist
die Mathematik ein Hindernis
für das adäquate Verständnis
der physikalischen Realität."

„Kein Naturwissenschaftler
weiss wirklich, warum sich
die Erde um die Sonne bewegt."

Erkenntnis und Wirklichkeit

Was weiß die Naturwissenschaft?
Teil 2: Kann Physik Spiritualität
„beweisen"?

In seltener Einmütigkeit begeistern sich klassische Naturwissenschaftler, alternative Physiker und spirituelle Denker für die Quantenphysik. Kritik an ihr scheint es kaum zu geben. Zu Recht? Jochen Kirchhoff wagt es, den Star der modernen Theorien kritisch zu beleuchten. Er fragt: Hat die Quantentheorie eine stabile wissenschaftliche Grundlage oder ist sie mehr Quanten-Mystik? Wird sie uns suchenden Menschen jemals helfen können, die lebendige Welt besser zu begreifen?

Seit Jahrzehnten erfreut sich die Quantentheorie einer kaum geminderten Popularität. Auch und gerade spirituelle Menschen (ob nun Buddhisten, Anthroposophen, Advaita-Adepten und andere) sehen in ihr geradezu einen wissenschaftlichen Beweis für die Überwindung des Materialismus und die spirituellen Fundamente der Realität. Der Physiker Fritjof Capra hat hier Mitte der 1970er Jahre in seinem berühmten Buch „Das Tao der Physik" gewissermaßen die Marschroute festgelegt, auch das Grundmuster, das seitdem von unzähligen Autoren aufgegriffen wurde und das sich auf folgende Kurzformel bringen lässt: Was in mystischen oder spirituellen Weltdeutungen behauptet wird, hat nun durch die Ergebnisse der modernen Physik eine Bestätigung erfahren. Noch kürzer: Physik beweist Mystik.

Die Relativitätstheorie eignet sich hier weniger, obwohl auch sie gelegentlich herangezogen wird, vor allem wenn es um das Phänomen Zeit geht. „Esoteriker" sagen oft und gerne: Es gibt keine Materie (siehe Quantentheorie). Und: Es gibt keine Zeit beziehungsweise Zeit ist eine Illusion (siehe Relativitätstheorie aber auch Quantentheorie, „non-locality" etwa).

Viele, die Einstein heftig kritisieren, sind bei der Quantentheorie eher zurückhaltend, wohl deswegen, weil sie meinen, dass hier – bei aller Kritik im einzelnen – ein empirisches Material vorliegt, das im Grundsätzlichen nicht aus den Angeln zu heben ist. Schon Einstein hatte bekanntlich den Argumenten der Quantentheoretiker schließlich nichts mehr entgegenzusetzen. Er drang nicht durch. Die Einstein-kritische Literatur ist groß. Wesentlich weniger gibt es zur Kritik an der Quantentheorie.

Die Quantentheorie und der Grashalm

Gerade die Quantentheorie ist ein interessantes Beispiel für das Verhältnis von Erkenntnis und Wirklichkeit in der Physik seit Galilei. Zunächst wäre festzuhalten: Die Quantentheorie, wie alle physikalischen Theorien hoher Abstraktion, ist ein mathematischer Formalismus, der keinen Grashalm erklären kann, von hochorganisiertem Leben oder gar von Bewusstsein zu schweigen. Dieser – im Kern sehr einfache – mathematische Formalismus ist erwachsen aus einer bestimmten Interpretation von zunächst rätselhaften Phänomenen im Mikrobereich der Materie, – Phänomene, denen gegenüber die sogenannte klassische Mechanik versagt hatte. Die Pointe der Quantentheorie seit Niels Bohr, Werner Heisenberg und ihren Mitstreitern (siehe „Kopenhagener Interpretation") bestand nun darin, diesen mathematischen Formalismus in einem philosophischen Salto mortale zur Wirklichkeit zu erklären und absolut zu setzen, ihn also zu ontologisieren (um einen gängigen philosophischen Begriff zu verwenden).

Dieses Verfahren war und ist in der Physik, in der Naturwissenschaft überhaupt, an der Tagesordnung. Man entwickelt ein bestimmtes Rechenverfahren, meist abgeborgt aus der reinen Mathematik, mit dem sich halbwegs sinnvoll operieren lässt, das heißt, das Voraussagen ermöglicht, und dann wird dieses Rechenverfahren mit einem Zauberstab als Realität postuliert. Frei nach Descartes („Ich denke, also bin ich."): Was ich rechne, ist wirklich. Zu diesem Rechnen tritt heute die Computersimulation, die auch noch den letzten Rest von Wirklichkeit in sich hineinsaugt. Schließlich wird die Realität überhaupt – mehr oder weniger – zum Cyber-space. Das ist der kollektive, epochale Sog, der den Einzelnen entleert zurücklässt.

Wie entstand die (neuere) Quantentheorie?

Ich will in aller Knappheit umreißen, aus welcher Problemlage die zweite Stufe der Quantentheorie erwuchs (die erste Stufe ist mit dem Namen Max Planck verbunden): Die Atomphysiker im frühen 20. Jahrhundert rätselten an der Frage der Stabilität der Atome herum. Die von der Chemie beschriebenen spezifischen Qualitäten, die an gleichartiger Materie immer wieder in gleicher Weise auftreten, sind weitgehend stabil gegenüber von außen einwirkenden Störungen. Ein Stück eines bestimmten Metalls etwa zeigt stets das gleiche Erscheinungsbild. Warum? Mechanische Systeme sind dagegen extrem störungsanfällig. So war es unmöglich, die Stabilität der Atome mechanisch abzuleiten. In der sogenannten klassischen Physik galt das Atom als gleichmäßig mit Materie erfülltes und vollkommen elastisches Kügelchen, das häufig rechenmäßig zum bloßen „Massenpunkt" verdampfte (merkwürdige Welt der Physik: ständig wird die lebendige Welt zerschlagen, zerstrahlt und in abstrakte Schemen aufgelöst). Experimente mit Kathodenstrahlen, also schnell bewegten Elektronen, hatten gezeigt, dass das mechanische Atommodell nicht stimmen konnte. Es stellte sich heraus, dass die Atome offenbar auch „leeren Raum" enthielten.

Schließlich setzte sich die Annahme durch, dass die gesamte positive Atomladung und fast die gesamte Atommasse auf einen winzigen Bereich von der Größenordnung 10^{-14} m im Mittelpunkt des Atoms zusammengeballt ist, dem Atomkern. Die positive Kernladung muss nun durch eine entsprechende Anzahl von Elektronen ausgeglichen werden, um die elektrische Neutralität des Atomganzen plausibel zu machen. Der Atomkern zieht die Elektronen an und hält sie im Atomverband fest. Damit sie nicht in den Atomkern stürzen, müssen sie sich um den Kern herum bewegen. Die Gesamtheit der Elektronen eines Atoms ist seine Atomhülle. Da man annimmt, dass der Atomkern nur 1/10 000 des Atomdurchmessers ausmacht, ist also offensichtlich der überwiegende Teil des Atoms „leer", das heißt materielos. Nur ein winziger Bruchteil des Volumens der festen Materie (circa 40 Billiardstel) ist demzufolge effektiv von Materie erfüllt. Die Elektronenhülle gilt als eine Art Wall, der die gegenseitige Durchdringung der Atome verhindert. Und nun jener Punkt, der die Quantentheorie hat entstehen lassen (also deren zweite Stufe): Nach den Regeln der klassischen Physik müssten die Elektronen in rasender Schnelligkeit in den Atomkern stürzen. Warum in aller Welt geschieht dies nicht? Da lag das Problem.

Niels Bohrs Postulat

Niels Bohr postulierte, dass die von Planck behauptete quantenhafte Verteilung der Energie auch für die Energie der Elektronen in den Atomen gelten müsse. Die Elektronen, so spekulierte Bohr, seien an bestimmte Kernabstände gebunden; sie könnten sich nur auf ganz bestimmten Radien um den Atomkern bewegen, auf denen sie – entgegen aller elektromagnetischen Gesetze – strahlungsfrei wären. Bohrs Ansatz geht von der Annahme aus, dass die Spektrallinien die Übergänge von Elektronen zwischen zwei möglichen Energiezuständen anzeigen. Wo eine Linie erscheint, soll ein Elektron auf ein höheres Niveau gehoben worden sein, welches beim Rücksprung ein entsprechendes „Lichtquant" abgestrahlt hat.

Die Physiker wurden immer erfinderungsreicher in ihren theoretischen Postulaten. Schließlich wurde ein fast vollständiger Bruch mit den Axiomen der bisherigen Physik vollzogen. Der Teilchen-Welle-Dualismus wurde auf die Elementarteilchen übertragen; diese sollten nun, wie das Licht, Frequenz und Amplitude aufweisen. Die Teilchen- und die Wellenkonzeption wurden dann über das sogenannte Plancksche Wirkungsquantum h miteinander verbunden. Und so weiter.

Der Zufall als Weltregisseur

Die Wellengleichungen Erwin Schrödigers, die das atomare Geschehen als wellenmechanische Veränderungen beschreiben (später von Max Born durch den Begriff der Aufenthaltswahrscheinlichkeit eines Teilchens ergänzt), kommen ohne Quantensprünge aus. Der Kern von Bohrs Argumentation, die dann Heisenberg übernahm, besteht in einem prinzipiellen Verzicht auf anschauliche Vorstellungen und die üblichen Raum-Zeit-Kategorien im Mikrobereich, in den inneratomaren Vorgängen. In der Quantenmechanik wird die Wahrscheinlichkeit und damit der Zufall zur weltbestimmenden Größe. Die Annahme fester Elektronenbahnen verschwindet; im Mittelpunkt stehen statistische Aussagen über ein Kollektiv von Atomen. Es bleibt als tiefste Konstituente der Realität die mathematische Form, was auf einen mathematischen Platonismus hinausläuft. Die objektive Welt löst sich geisterhaft auf ...

Eine wahrlich „unendliche Geschichte"

Die Debatte über die Quantentheorie ist mittlerweile zur unendlichen Geschichte geworden, an der neben den Physikern auch die „Esoteriker" der verschiedensten Richtungen beteiligt sind. Irgendwie sind, so scheint es, alle verwirrt und zugleich seltsam erregt und begeistert. Die mathematische Abstraktion triumphiert auf ganzer Front. Tiefergehende Einwände sind kaum mehr zu vernehmen. Und auch die Makrowelt soll ähnlich paradox sein wie die quantentheoretisch gedeutete Mikrowelt.

Dass es auch kausale Deutungen der Quantenphänomene gibt (und durchaus nicht nur die von David Bohm), gerät zunehmend ins Vergessen. – Ich selbst habe in meinem Buch „Räume, Dimensionen, Weltmodelle" eine Erklärung der bekannten Quantenphänomene versucht, die auf der Annahme eines G e g e n e i n a n d e r -wirkens der „Radialfelder" beruht, das z u n ä c h s t wellenförmige Schwingungen auslöst und dann bei wachsender Intensität, Aufsplitterungen zu Teilchen bewirkt. In dieser Zwischenzone von Strahlung und Materie, von Noch-Nicht und Nicht-Mehr, sind die Quantenphänomene angesiedelt, deren mathematisch-abstrakte Deutung die eigentlichen Zusammenhänge nur verdeckt. Wie so häufig ist die Mathematik hier ein Hindernis für das adäquate Verständnis der physikalischen Realität. Letztlich ist die Quantentheorie eine Art Epizykelsystem, ein Konstrukt, sicher klug und raffiniert gebaut, aber ontologisch ohne Boden: Analoges gilt für die gesamte moderne Kosmologie.

Quantentheorie und Atombombe

Und was ausnahmslos alle, ob nun Physiker oder „Esoteriker", hier unterschlagen, ist der Beitrag der Quantentheorie zur Atombombe. Wer immer von der „Ganzheitlichkeit" der quantentheoretischen Deutung spricht, sollte dies im Bewusstsein behalten. Die größte Zerstörungswaffe aller Zeiten ist das Ergebnis einer gegen die Grundlagen des Lebens gerichteten Wissenschaft; sie ist, kraftvoll unterstützt von politischen Kräften, der schaurige Wechselbalg von spezieller Relativitätstheorie, Quantentheorie und jenem abstrakten Reduktionismus, mit dem die Strahlenphänomene seit der Entdeckung der Radioaktivität traktiert wurden. Schon der Philosoph Martin Heidegger hat darauf verwiesen, dass die Annahme der Raum-Zeit-Enthobenheit und „Geisterhaftigkeit" der atomaren Welt, wie sie die Quantentheorie postuliert, seltsam kontrastiert wird von der groben Materialität der Atomtechnik, die schließlich in die Atombombe mündete. Gerade hier ist es ratsam, sich jeder Naivität zu entschlagen.

Gibt es eine Art „Quantenspiritualität"?

Was ist eine Spiritualität, die sich in der Quantentheorie wiedererkennt und bestätigt fühlt? Ich sagte oben, dass diese Theorie keinen Grashalm erklären kann. Und selbst, wenn die Quantenphänomene wenigstens in der Grundrichtung adäquat gedeutet worden wären durch Bohr, Heisenberg und ihre Schüler bis heute, wäre damit noch nicht der geringste Beweis erbracht für die

Berechtigung, diese Deutung der untersten Stufe der Realität, der inneratomaren Welt, nun gewissermaßen eins-zu-eins auf die lebendige Wirklichkeit zu übertragen. Wer dies tut, vermischt die Seinsebenen. Übrigens gilt dies bereits im Rahmen systemtheoretischer Überlegungen, sofern diese nicht selbst, wie dies leider häufig der Fall ist, alles mit allem vermengen. Der Mensch, als ein nun wirklich ganzheitliches Wesen, das auf verschiedenen Ebenen angesiedelt ist, kann nicht ernsthaft mit einem atomaren System gleichgesetzt werden. Die berühmte Rolle des Beobachters, von der in der Quantentheorie oft gesprochen wird, so als sei damit die klassische Subjekt-Objekt-Spaltung aufgehoben (auch die der Newtonschen Physik), betrifft ausschließlich ein anonymes, leb- und gesichtsloses Beobachtersubjekt und keineswegs den lebendigen Menschen. Um letzteren aber geht es doch. Oder etwa nicht?

Wie ist das mit der kosmischen Intelligenz?

Spiritualität, die sich ernst nimmt, braucht keine „Bestätigung" durch abstrakte Theorien, schon gar nicht solche, die im Mainstream fest verankert sind. Und die Quantentheorie, wie die beiden Relativitätstheorien, ist Mainstream, und zwar ohne wenn und aber, auch wenn deren Anwendung auf spirituelle Bewusstseinsphänomene im herrschenden Diskurs keinen Platz hat. Ich würde radikal sagen: Abstraktionismus, wie er weltweit betrieben und auf den Akademien gelehrt wird, und echte Spiritualität schließen sich aus. Die „moderne Kosmologie", die auch von zeitgenössischen „Esoterikern" als eine irgendwie festgemauerte und quasi sakrosankte Größe angeführt wird, auch wenn da und dort etwas andere Akzente gesetzt werden, ist eine abstrakte Phantasmagorie, die – sollte sie stimmen – jede Spiritualität auslöscht. Wenn die Welt so aussieht, das habe ich in dieser Zeitschrift schon mehrfach gesagt, kann der Weltgeist nicht intelligent sein. Ich glaube aber, dass er von unendlicher Intelligenz und Weisheit ist. Was folgt daraus?

Wirklichkeit statt Cyber-space

Um Erkenntnis und Wirklichkeit muss immer wieder, ohne dogmatische Engführungen, gerungen werden. Einfach ist Erkenntnis nicht zu haben. Und jede Behauptung, wenn sie den Anspruch erhebt, Erkenntnis der Wirklichkeit zu sein (was sollen uns Projektionen?), muss sich an jener Wirklichkeit messen lassen, die als eine ungeteilte und unteilbare den Menschen in seiner Ganzheit umschließt und trägt und ihn nicht neurotisch abspaltet über das Medium technisch-abstrakter Cyber-space-Welten, auch wenn diese allseits gefeiert und als Wissenschaft ausgegeben werden ...

* * *

„Freiheit als Möglichkeit zum Bösen,
verstanden als Sich-Losreissen
von der grossen Ordnung,
vom Weltgesetz
- Dharma oder Tao -,
kann nur metaphysisch
verstanden werden."

„Die Nacht hinter dem Sternenweg"

Ein philosophischer Blick auf das Böse

Uli Fischer: Lieber Jochen, ich freue mich, dass wir Gelegenheit haben für ein Interview mit dir zu einem immer aktuellen Thema, das selten tiefer beleuchtet wird. Dabei hat der philosophische Blick auf das Böse in Deutschland durchaus Tradition, wenn man an Böhme und Schelling denkt. Warum ist das Thema für einen Philosophen von Bedeutung; warum ist überhaupt ein grundlegendes Verständnis des Bösen für uns Menschen wichtig, ja unabdingbar? Wissen wir nicht, was das Böse ist?

Jochen Kirchhoff: Wesen und Ursprung des Bösen scheinen rätselhaft wie eh und je zu sein. Ideologien über das Böse (und das Gute) gibt es zuhauf, gesichertes Wissen kaum. Ich habe gelegentlich das Gefühl, dass hier ein Tabu berührt wird. Es soll etwas verborgen bleiben. Dabei ist es für die Menschheit von existenzieller Notwendigkeit, gerade hier Klarheit zu gewinnen. Das Rätsel des Bösen in philosophischer Sicht ist unlösbar gebunden an das Rätsel der Willensfreiheit, des Menschen überhaupt, und an die Frage des sogenannten Weltbildes, der Kosmologie, die immer auch Psycho-Kosmologie ist. Einstein hielt die Frage „Ist das Universum ein freundlicher Ort?" für die wichtigste Frage überhaupt. Man hat das Gefühl, dass hinter dieser Frage die Angst steht, dass wir möglicherweise in einem eher unfreundlichen oder gar schrecklichen Universum leben. Legt man die moderne Kosmologie zugrunde, so könnte einen der grausige Verdacht packen, dass dieses Universum gnadenlos, monströs ist, worauf Schwarze Löcher und ähnliche Monster schließen lassen. Nur jenseits der Mainstream-Kosmologie lässt sich sinnvoll nachdenken über den Menschen, die Freiheit und das Rätsel von Gut und Böse.

Die Rolle des Bösen im Weltprozess

UF: Auf wen kann man sich dann beziehen, und welche Gedanken sind hier wichtig und schon gedacht worden?

JK: Du hast Recht, wenn du auf die deutsche Philosophie verweist. Hier gibt es in der Tat staunenswerte Versuche, das Problem des Bösen in der Tiefe zu begreifen und zu durchdringen. Jakob Böhme und Schelling sind da besonders bemerkenswert, auch Schopenhauer und Helmut Krause; ich sehe mich in der Tradition dieser Denker. Ich möchte einen Blick werfen auf einige Antworten auf unsere Rätsel- und Kernfrage, die lange vor der deutschen Philosophie liegen. Hier spielen weitere grundsätzliche Fragen hinein: Ist das Böse eine real existierende Wirk- und Weltmacht oder bloße Negation, Verneinung ohne eigenständige Wirklichkeit, also ein im eigentlichen Sinn Nicht-Seiendes? Wie steht das Böse zu Gott (wenn wir dessen Existenz voraussetzen)? Ist es ihm untergeordnet, oder hat es eine eigenständige Wirklichkeit, die auch Gott nicht beeinflussen kann? Ist das Böse so absolut wie Gott, oder ist es bloß eine relative Größe und Potenz, was die meisten Religionen annehmen? Einen radikalen Gut-Böse-Dualismus vertrat der altpersische Prophet Zarathustra: Das Gute und das Böse stehen sich bei ihm als eigenständige Prinzipien gegenüber, die im ewigen Kampf miteinander liegen, in den die Menschen einbezogen sind. Der Weltprozess erhält dadurch eine metaphysische Dramatik, der kein Mensch ausweichen kann, weil niemand außerhalb des Weltprozesses steht. Das gibt der Einzelexistenz eine ganz eigene Würde und Tiefe. Aber auch Schwere und Verantwortung.

Kosmos
als mühsam zur Ordnung gezwungenes Chaos

UF: Und vergleichbare Ansätze im europäischen Raum?

JK: Im altgriechischen Denken begegnen wir einem etwas anders strukturierten Ur-Dualismus, erstmalig greifbar bei Hesiod (um 700 v. Chr.). Chaos ist hier der ungeordnete Urzustand der Welt, fast identisch mit der Leere oder dem Nichts. Aus diesem Chaos entfaltet sich der Kosmos, die harmonische und geordnete Welt, der die Menschen sinnvoll eingegliedert sind. Diese Entfaltung ist ein kämpferisches Geschehen, wie es in etwas anderer Form auch in den orphischen Mysterienkulten gelehrt wurde. Der Mensch ist aufgerufen, die noch in ihm vorhandenen unbewusst-dunklen und in diesem Sinne bösen Anteile zu überwinden, sie zu transformieren zu kosmischer Klarheit und Harmonie, wie sie sich etwa in der Siebenzahl manifestiert, der Zahl Apollons. Der Versuch des Philosophen Schelling, das Rätsel des Bösen zu denken, ist wohl einer der großartigsten Entwürfe überhaupt zu unserem Thema. Schelling übernimmt Jakob Böhmes Vorstellung eines Geisterringens antagonistischer Kräfte im kosmischen Geschehen, wo womit ein metaphysischer Kampf von seelisch-geistigen Wesenheiten gemeint ist, in die auch die menschliche Seele verstrickt ist. Auch für Schelling ist der Kosmos im letzten geordnetes Chaos, mühsam zur Ordnung gezwungene Formlosigkeit. Wie die Finsternis den Ermöglichungsgrund des Lichtes darstellt, so ist die Nacht des chaotisch Unbewussten und des blinden Wollens der Ermöglichungsgrund des bewussten Geistes. Dieser Widerspruch des Seins gründet im Absoluten selbst, er ist also nicht eliminierbar, gehört zur Grundbedingung der Existenz überhaupt. Schelling:

„Nach der ewigen Tat der Selbstoffenbarung ist nämlich die Welt, wie wir sie jetzt erblicken, alles Regel, Ordnung und Form; aber immer liegt noch im Grund das Regellose, als könne es einmal wieder durchbrechen, und nirgends scheint es, als wären Ordnung und Form das Ursprüngliche, sondern als wäre ein anfänglich Regelloses zur Ordnung gebracht worden. (...) Ohne dies vorausgehende Dunkel gibt es keine Realität der Kreatur; Finsternis ist ihr notwendiges Erbteil ... Dennoch wüssten wir nichts, das den Menschen mehr antreiben könnte, aus allen Kräften nach dem Lichte

zu streben, als das Bewusstsein der tiefen Nacht, aus der er ans Dasein gehoben worden."

(Schelling-Monografie, edition dionysos 2024, S. 163)

Das Böse ist für Schelling nicht bloße Verneinung der inneren Harmonie, sondern positive Disharmonie. Damit wird der Weltprozess wie bei Zarathustra zu einem metaphysischen Drama, einem den ganzen Menschen erfassenden Bewusstseinsringen. Grundsätzlich gilt: Das Gut-Böse-Rätsel ist mit Blick auf ein bloß biologisch, psychologisch und sozial geprägtes Menschenbild nicht zu bewältigen. Alle Versuche in dieser Richtung sind mehr oder weniger gescheitert. Der metaphysische Grundansatz, wie ich ihn vertrete, ist in der herrschenden Intellektualkultur eher ein Fremdkörper, sofern damit Wissensansprüche verbunden sind, aber ich bleibe dabei.

**Erst das Finstere
ermöglicht die Ausrichtung zum Licht**

UF: Du kennzeichnest die Auseinandersetzung in der Welt und um die Welt auch als Geisterringen. Wie kommst du darauf?

JK: Dass es im Universum ein großes Geisterringen gibt, ist eine sicher weitgehende Behauptung oder auch Hypothese, die sich naturgemäß nicht in Gänze beweisen lässt. Aber es gibt Indizien dafür. Die Götterschlachten, die sich in den meisten Weltmythen finden, so verschieden sie auch sind, gehören auf jeden Fall dazu, wenn wir diese mit Schelling ins Geistige transponieren oder als Verbildlichung seelisch-kosmischer Prozesse betrachten. Die modernen Neomythen (im Bereich von Fantasy und Sciencefiction, etwa „Matrix" oder „Herr der Ringe") basieren darauf und zehren von dieser archetypischen Substanz. Auch in der Kosmologie der All-Lebendigkeit und Naturphilosophie von Helmut Krause spielt das Geisterringen zwischen den antagonistischen Kräften von Kosmos und Chaos eine zentrale Rolle. Der Mensch wird hier als integraler Mit-Akteur in die kosmische Verantwortung gestellt.

UF: Freiheit und Verantwortung werden, meist in dieser Reihenfolge, ja oft zusammengedacht. Welche Bedeutung hat der Freiheitsbegriff für den Menschen in unserem Zusammenhang?

JK: Der Gut-Böse-Gegensatz ist nicht sinnvoll zu denken ohne die Freiheit, verstanden als geistig-moralische Freiheit oder Willensfreiheit. Existierte diese in einem sozusagen absoluten Sinn nicht, was die völlige Zufälligkeit und Verantwortungslosigkeit des Menschen zur Folge hätte, wäre es müßig, über das Böse und seinen Widerpart, also das sogenannte Gute, auch nur eine Zeile zu schreiben. Freiheit, als Entscheidungsfreiheit, mag intellektuell und von der herkömmlichen Kausalvorstellung aus nicht erweisbar sein – ohne sie wird die Frage nach dem Bösen und dem Guten zur Scheinfrage.- Letztlich führen alle Gedankenpfade zum Gut-Böse-Thema auf die Frage zurück: „In was für einem Universum leben wir?" Nur in einem lebendigen, von der Weltseele durchpulsten Universum erfährt die Frage nach dem

Guten und dem Bösen eine ontologische Verankerung. Dann wäre dieser Kosmos (auch) ein karmischer Kosmos, in dem wir Farbe zu bekennen haben und in dem es keine neutrale Nische gibt. Wie ist das nun mit der Freiheit, geistig-moralischer Freiheit, die im Willen wurzelt? Lässt sich die Willensfreiheit denken? In der Welt der Erscheinungen, so meinte Kant, ist die Freiheit nicht aufzufinden. Wenn sie einen Ort hat, muss dieser außerhalb der sinnlich-physischen Welt und deren Kausalverknüpfung liegen. In Schellings Schrift „Philosophische Untersuchungen über das Wesen der menschlichen Freiheit" von 1809 definiert Schelling Freiheit schlicht als „ein Vermögen des Guten und des Bösen". Schelling:

> „Denn das Böse ist ja nichts anderes als der Urgrund der Existenz."
> (Schelling-Monografie, edition dionysos 2024, S. 170)

Es wird in seinem Zutagetreten ermöglicht durch eine „positive Verkehrtheit oder Umkehrung der Prinzipien". Und:

> „Der Mensch ist auf jenen Gipfel gestellt, wo er die Selbstbewegungsquelle zum Guten und zum Bösen gleicherweise in sich hat: Das Band der Prinzipien ist kein notwendiges, sondern ein freies. Er steht am Scheidepunkt; was er auch wähle, es wird seine Tat sein, aber er kann nicht in der Unentschiedenheit bleiben."
> (Schelling-Monografie, edition dionysos 2024, S. 167)

Entscheidungen vor und in der Inkarnation

UF: Der Mensch kann also nach Schelling nicht anders als immer wieder zwischen Gutem und Bösen zu wählen?

JK: Freiheit ist für Schelling im letzten kein Phänomen der Erfahrung in der Sinnenwelt, sondern eine transzendentale Größe, eine solche jenseits und in gewisser Weise, vor dem Hineingeborenwerden, der Inkarnation des Menschen. Schon das So-und-nicht-anders-Sein des Menschen ist das Ergebnis einer vor der Inkarnation getroffenen geistigen Tat und Entscheidung. Der Einzelne hätte ein Anderer sein können, als er realiter ist. Diesen Gedanken finden wir auch bei Schopenhauer. Freiheit als Möglichkeit zum Bösen, verstanden als Sich-Losreißen vom „Universalwillen" (Schelling) und damit von der Großen Ordnung, vom Weltgesetz (Dharma oder Tao), kann nur metaphysisch verstanden werden. Wir sind bei der Frage nach Gut und Böse und der darauf bezogenen Freiheit des Willens in einem geistig-kosmischen und existentiellen Raum, der von der herrschenden Wissenschaft nicht erhellt werden kann, wie alle Erfahrungen belegen.

UF: Und der Gedanke der Reinkarnation, den du wie andere auch vertrittst, wird erst gar nicht erwogen, meist vehement als unwissenschaftlich abgetan. Wie denkst du einen tiefgründigen Karmabegriff, der den Kampf von Gut und Böse, als Grundprinzipien der Schöpfung, widerspiegelt?

JK: Ja, ist der Gedanke der Wiedergeburt hilfreich für das Verständnis des Bösen? Das lässt sich mit guten Gründen bejahen, und wenn auch nur als erklärungsstarke Arbeitshypothese. Wieso „erklärungsstark"? Die einmalige menschliche Existenz zwischen Geburt und Tod wirkt für sich genommen aberwitzig. Wozu der Kampf gegen das Böse und für das Gute (was immer der Einzelne darunter versteht), wenn doch der Tod als schwarze Wand bevorsteht, an der wir sinnlos zerschellen? Wahrscheinlich braucht der Weltprozess die Reinkarnation menschlicher Wesen. Der Mensch ist offenbar mehr als nur ein höheres oder kluges Tier, es scheint ein Ziel auf jedem bewohnten Gestirn für ihn zu geben. Er ist offenbar einem Gesetz unterworfen, das ihn aus einer Urkatastrophe, einer Art Sturz, und damit aus der Nacht in das Licht des Bewusstseins geführt hat, in einen neuen Sternenweg hinein, in neue Bewährungen und Entscheidungen. Und dies über wiederholte Verkörperungen, stets absturzgefährdet, stets noch durchwirkt vom Chaos, aus dem er einst emporstieg (vgl. Krause, „Vom Regenbogen", edition dionysos, S. 125f). Da ist er nun, da sind wir nun. Wie verhalten wir uns? Gerade auf der Erde scheint dieser Prozess besonders schwierig und heikel zu sein, der Boden, auf dem wir stehen, wirkt phasenweise wie seelisch-geistig kontaminiert, wir inkarnieren eine schwer zu tragende karmische Altlast, die sich nur mit erheblichem Kraftaufwand abarbeiten lässt.

Die Schicksalsfrage des Einzelnen

UF: Wenn das so ist: Welchen Forderungen muss sich der Einzelne stellen? Kann er diesen nicht einfach aus dem Wege gehen? Warum ist die Frage der Haltung zum Bösen (und Guten) eine Schicksalsfrage?

JK: Unsere Existenz, dies sollte nie vergessen werden, ist der Ernstfall, keine Generalprobe. Dieser Ernstfall vollzieht sich jetzt. Im Hier und im Heute, durchtobt vom Kampf antagonistischer Kräfte. Es geht um etwas. Der Mensch ist auf etwas hin angelegt. Er agiert nicht im Nirgendwo oder im seelisch-geistigen Niemandsland. Es gibt offenbar geistige Gesetze, die man nicht ungestraft verletzen oder missachten kann. Und es gibt eine kosmische Verantwortung, die aus einer Kosmologie heraus sinnvoll erscheint, die den Menschen als integralen Teil eines von Bewusstsein erfüllten und lebendigen Ganzen versteht. Das Böse, würde ich sagen, ist der stets als Möglichkeit gegenwärtige Sog ins Chaos, zurück in die blinde Nacht unseres Ursprungs, verbunden mit der fortgesetzten Missachtung der Großen Ordnung dieses rundum lebendigen Universums, das des „gemeinten" und damit eigentlichen Menschen zu seiner Erfüllung bedarf. Der Einzelne, als konkret Handelnder in der Welt, muss in irgendeiner Form zu dieser Frage Stellung beziehen, muss lebbare Antworten für sich finden. Es gibt keinen absolut wertneutralen Raum. Philosophische Ansätze, die hier angeklungen sind, sind keine Ideologien, sondern Denkmöglichkeiten, deren Wahrheitsgehalt sich stets an der lebendigen Erfahrung bewähren muss.

UF: Welchen Charakter trägt die heutige konkrete globale Situation aus der Sicht der grundlegenden Auseinandersetzung von Kosmos und Chaos?

JK: Die Situation auf diesem Planeten ist untergangsgefährdet. Das hochgeordnete Leben als Ganzes steht sozusagen auf dem Prüfstand. Die Lage ist bedrohlich gekippt. Die Kräfte des Chaos scheinen hier über weite Strecken die Regie übernommen zu haben, auch wenn es bislang nicht gelungen ist, die schöpferisch-bewahrenden Kräfte vollends auszuschalten. Es ist eine Art Patt entstanden. Wer wird letztendlich siegen? Als die erste Atombombe gezündet wurde (am 16. Juli 1945 in der Wüste von Nevada), war dies für die anwesenden Forscher eine grundstürzende, die Seele aufwühlende Erfahrung von quasi-religiösem Charakter. Robert Oppenheimer, der Chef des Manhattan-Projektes, brachte dies in die Formel:

„Wir haben die Arbeit des Teufels getan!"

Für „Teufel" lässt sich auch der Begriff „Chaos" einsetzen. Das alte Chaos bahnt sich (wieder) seinen Weg nach oben. Das Sicherheitsschloss der Natur ist gleichsam aufgebrochen worden durch diesen brutalen Griff in das innerste und zarte Gefüge der Materie.

UF: Das machen sich die wenigsten klar, obwohl ein gewisses Empfinden für das Ungeheuerliche des Vorgangs im Grunde da ist.

JK: Oft steigt erst im Extremen ein Ahnen auf, dass sich menschliches Sein grundsätzlich in einem archetypisch aufgeladenen und metaphysischen Feld abspielt. Man kann dieses Feld, diesen Seelenraum, nicht verlassen. Wir begreifen in ihm etwas von der Tiefe und den Abgründen der Welt und der Dinge. Und von dem erschreckend dünnen Firnis der herrschenden Kultur. Wir könnten verstehen, dass es um etwas geht. Dass wir gefordert und aufgerufen sind, uns zu stellen. Im Übrigen: Das Grundsätzliche in Bezug auf das Böse äußert sich im je Einzelnen in unzähligen Facetten, die niemand überschauen kann. Schon eine grobe Typologie (die möglich ist) würde den Rahmen dieses Interviews sprengen. So ist jeder aufgefordert, wenn er sich darauf einlässt, das von mir umrissene Prinzipielle mit dem sogenannten Konkreten, das ihm erfahrungsmäßig zugänglich ist, zusammenzudenken.

UF: Das ist nachvollziehbar. Aber was meinst du mit der Formulierung „uns zu stellen"? Welcher Instanz gegenüber und in welchem Zusammenhang?

JK: Je älter ich werde, umso stärker wird in mir die Überzeugung, dass wir gleichsam auf einer offenen kosmischen Bühne stehen und agieren. Wir blicken hinaus, ins Weite, in das Universum, das nächtliche Firmament. Aber der Kosmos blickt gleichsam zurück. Wir sind nicht nur die Blickenden, als die wir uns wähnen, sondern die umfassend Angeblickten. Als Angeblickte sind wir auch geistig-kosmisch Gemeinte. Und das Empfinden dieses „Gemeintsein" könnte ein Weckruf sein, sich der Mensch-Kosmos-Chaos-Frage neu zu stellen und damit auch der kosmischen Verantwortung, die mit unserer Existenz gegeben ist, wenn wir in einem rundum lebendigen Universum leben und hier unseren Platz finden in dem Geisterringen, das diese Welt durchwirkt.

UF: Ein gutes Schlusswort, denke ich, vielen Dank, Jochen. Zur Vertiefung des Themas seien dein Youtube-Kanal, deine Schelling-Monografie (siehe Quellen) und Helmut Krauses „Vom Regenbogen und vom Gesetz der Schöpfung" empfohlen.

* * *

Anmerkungen

Alle Zitate vor den Essays stammen von
Jochen Kirchhoff.

Corona oder die verlorene menschliche Würde

Jochen Kirchhoff: „Was die Erde will.
    Mensch, Kosmos, Tiefenökologie", Neuausgabe
    im Drachen-Verlag 2009 (vorher Lübbe 1998)
    „Räume, Dimensionen, Weltmodelle.
    Impulse für eine andere Naturwissenschaft",
    Neuausgabe im Drachen-Verlag 2007 (vorher
    Diederichs 1999)
Helmut Friedrich Krause: „Der Baustoff der Welt.
    Von den bewohnten Gestirnen und der
    Ursache der Gravitation", Vorwort von Jochen
    Kirchhoff, edition dionysos 1991

    Zur politischen Dimension der Corona-Krise
    besonders aufschlussreich:
Paul Schreyer: „Chronik einer angekündigten
    Krise. Wie ein Virus die Welt verändern konnte",
    Westend-Verlag 2020

Licht der Natur – Licht des Geistes (I)

1 Kirchhoff, Jochen: „Räume, Dimensionen,
   Weltmodelle. Impulse für eine andere
   Naturwissenschaft", München 1999
   (Diederichs New Science) u. a. S. 292
2 Hans Jörg Fahr: „Zeit und kosmische
   Ordnung", München 1998, S. 120/121

3 Nietzsche: Kritische Studienausgabe
  Bd. 9, München 1980, S. 522
4 B. Hamprecht: „Transmentale Feldtheorie
  gegen die Subjektblindheit",
  In: „Novalis", Ausgabe 5/2000, S. 45/46
5 Sonnenflecken sind in meiner Sicht regionale
  Intensitätsminderungen des Radialfeldes
  der Sonne, verursacht durch die Planeten.
6 Zitiert in Callum Coats:
  „Naturenergien verstehen und nutzen",
  Düsseldorf 1999, S. 120
7 Edgar Mitchell „Wege ins Unerforschte",
  Freiburg i. Br. 1997, S. 86
8 Mitchell, ebd. S. 87/88

Licht der Natur – Licht des Geistes (II)

1 Goethe, „Farbenlehre", Bd. 1, Hrsg. von
  G. Ott und H. Proskauer, Stuttgart 1979, S. 56
2 Hierzu ausführlich der Abschnitt
  „Gründe und Abgründe physikalischer
  Gleichungen – Das Beispiel $E = mc^2$"
  in „Räume, Dimensionen, Weltmodelle.
  Impulse für eine andere Naturwissenschaft",
  München 1999, S. 45 ff
3 Hierzu aufschlussreich Otto Oesterle:
  „Goldene Mitte: Unser einziger Ausweg.
  Vom zersplitterten zum ganzheitlichen
  Wissen", Rapperswil am See 1997, S. 9 ff
4 Sidney Perkowitz, „Eine kurze Geschichte
  des Lichts. Die Erforschung eines
  Mysteriums", München 1998, S. 170/171
5 In dem Abschnitt „Der Ort des Lichts"
  seines Buches „Die gemeinsame Geschichte
  von Licht und Bewusstsein", (Reinbek 1995)
  zitiert Arthur Zajonc die Physiker M. Scully, M. Sar-

gent und W. Lamb wie folgt:
„Tatsächlich ist nie eine befriedigende Quantentheorie der Photonen als Teilchen vorgelegt worden.", S. 373

6 Goethe, „Farbenlehre", Bd. 1, S. 55
7 ebd. S. 109/110
8 Hermann Schmitz, „Der Leib, der Raum und die
   Gefühle", Stuttgart 1998, S. 11/12
9 Bodo Hamprecht, „Goethes Farbenlehre
   – die andere Art, Naturwissenschaft
   zu betreiben", in: „Was ist Farbe? 1. Kasseler
   Goetheseminar", Kassel 1997, S. 37/38
10 Zajonc, „Die gemeinsame Geschichte von Licht und
   Bewusstsein", S. 201/202
11 Novalis, „Werke und Briefe", München 1962, S. 447
12 Zajonc, „Die gemeinsame Geschichte von Licht und
   Bewusstsein", S. 198
13 Ausführlich zum Licht in „Räume,
   Dimensionen, Weltmodelle", S. 237 ff

Das Mysterium der Zeit (I)

1 Hierzu „Räume, Dimensionen, Weltmodelle.
   Impulse für eine andere Naturwissenschaft",
   München 1999 (Diederichs)
2 Georg Galeczki/Peter Marquardt,
   „Requiem für die Spezielle Relativität",
   Frankfurt/M. 1997 (Haag + Herchen),
   u. a. S. 47 ff, S. 69 ff
3 Immanuel Kant „Prolegomena zu einer jeden künfti-
   gen Metaphysik", hrsg. von Karl Vorländer, Leipzig
   1913 (Felix Meiner), S. 82
4 Hierzu „Licht der Natur – Licht des Geistes" in
   „raum&zeit", Nr. 111, Teil I: „Naturphilosophisches,
   Kosmologisches und rundum Ketzerisches zum kosmischen Licht", S. 72 ff

5 Henri Bergson „Schöpferische Entwicklung",
  Jena 1930 (Diederichs), S. 1
6 Jacob Needleman „Vom Sinn des Kosmos",
  Frankfurt/M. 1993 (Insel), S. 61
7 Hierzu „Räume, Dimensionen, Weltmodelle. Impulse
  für eine andere Naturwissenschaft", S. 193 ff
8 Zitiert in: Hermann Schmitz „Der Spielraum der
  Gegenwart", Bonn 1999 (Bouvier), S. 161/162
9 Otto-Joachim Grüsser „Zeit und Gehirn"
  in: „Die Zeit. Dauer und Augenblick",
  München/Zürich 1990 (Piper), S. 87
10 Siehe Anmerkung 7
11 Siehe Anmerkung 4
12 Hierzu aufschlussreich:
   Schmitz „Spielraum", S. 27 ff
13 Hans-Joachim Zillmer
   „Irrtümer der Erdgeschichte", München 2001
   (Langen-Müller), S. 54

Das Mysterium der Zeit (II)

1 C. G. Jung „Erinnerungen, Träume, Gedanken",
  Olten 1984, S. 259
2 Gerhard Roth „Das Gehirn und seine Wirklichkeit.
  Kognitive Neurobiologie und ihre philosophischen
  Konsequenzen", Frankfurt/M. 1997
3 Hermann Schmitz „Der Spielraum der Gegenwart",
  Bonn 1999, S. 19
4 Jochen Kirchhoff „Die Anderswelt. Eine Annäherung
  an die Wirklichkeit", Klein Jasedow 2002, S. 119 ff
5 siehe „Die Anderswelt", s.o. und Helmut Krause
  „Vom Regenbogen und vom Gesetz der Schöpfung",
  Berlin 1989
6 Hermann Schmitz „Spielraum", S. 163
7 ebd. S. 163/64

8 siehe Rosina Sonnenschmidt in
   „raum&zeit" Nr. 119 anlässlich des Todes
   von Hans-Joachim Ehlers, S. 97/98
9 Ernst Jünger „Zahlen und Götter",
   Stuttgart 1974, S. 79
10 ebd. S. 31 und S. 20
11 ebd. S. 94
12 Siehe Marie-Louise von Franz
   „Zahl und Zeit", Stuttgart 1970

Erkenntnis und Wirklichkeit (I)

1 Zitiert in „DIE ZEIT", Nr. 14, 2007, S. 29
2 Ebd.
3 Umfassend hierzu und Grundlegendes zur
   Kritik an der herrschenden Kosmologie und
   zur „Radialfeldtheorie" des Verfassers: „Räume,
   Dimensionen, Weltmodelle. Impulse für eine
   andere Naturwissenschaft", Neuausgabe mit
   einem Nachwort zur Wirkungsgeschichte,
   Klein Jasedow 2007 (Drachen Verlag)
4 Ausführliches zum Heisenberg-Gespräch:
   Helmut F. Krause „Der Baustoff der Welt. Von den
   bewohnten Gestirnen und der Ursache der
   Gravitation", Berlin 2024 (edition dionysos)
   im Anhang, S. 106 ff
5 Siehe Anmerkung 3
6 Hierzu aufschlussreich und erstaunlich kritisch
   der eigenen Zunft gegenüber der Physik-
   Nobelpreisträger Robert Laughlin in einem
   „SPIEGEL"-Interview. Nr. 1/31.12.07, S. 120 ff
   (Titel: „Der Urknall ist nur Marketing")

Erkenntnis und Wirklichkeit (II)

Jochen Kirchhoff
„Räume, Dimensionen, Weltmodelle.
Impulse für eine andere Naturwissenschaft",
Heinrich Hugendubel Verlag. Kreuzlingen/München
1999 (Neuausgabe 2007)

ds. „Giordano Bruno: Die Kosmologie der
Unendlichkeit", „raum&zeit" Nr. 104, S. 20 ff.

ds. „Der Mensch, der Raum und die Schwerkraft",
„raum&zeit Nr. 106, S. 54 ff.

ds. „Licht der Natur – Licht des Geistes I und II",
„raum&zeit" Nr. 111, S. 72 ff. und „raum&zeit"
Nr. 112, S. 58 ff

ds. „Das Mysterium der Zeit I und II",
„raum&zeit" Nr. 119, S. 46 ff und „raum&zeit"
Nr. 121, S. 73 ff

ds. „Der Kosmos lebt!", „raum&zeit" Nr. 126, S. 34 ff

ds. „Wie lebendig ist der Weltraum?"
„raum&zeit" Nr. 128, S. 92 ff.

„Die Nacht hinter dem Sternenweg"

Jochen Kirchhoff
„Räume, Dimensionen, Weltmodelle.
Impulse für eine andere Naturwissenschaft"
Klein Jasedow 2024 (Drachen Verlag)

Quellen

Alle Beiträge dieses Buches sind in Erstveröffentlichung in der Zeitschrift „raum&zeit" (r&z) erschienen.

„Corona oder die verlorene menschliche Würde
Ein philosophischer Weckruf"
r&z Ausgabe 229 – 2021

„Licht der Natur – Licht des Geistes Teil 1
Naturphilosophisches, Kosmologisches und rundum
Ketzerisches zum kosmischen Licht"
r&z Ausgabe 111 – 2001

„Licht der Natur – Licht des Geistes Teil 2
Gedanken zur Phänomenologie des Lichtes und der
Farben – Plädoyer zur Verlebendigung der Naturwissenschaften"
r&z Ausgabe 112 – 2001

„Das Mysterium der Zeit Teil 1
Naturwissenschaftliche Theorien können Zeit nicht
fassen"
r&z Ausgabe 119 – 2002

„Das Mysterium der Zeit Teil 2
Essay über die Innere Kosmologie"
r&z Ausgabe 121 – 2003

„Erkenntnis und Wirklichkeit Teil 1
Kritisches zum mathematisierten Okkultismus
der Physik"
r&z Ausgabe 152 – 2008

„Erkenntnis und Wirklichkeit Teil 2
Kann Physik Spiritualität beweisen?"
r&z Ausgabe 153 – 2008

„Die Nacht hinter dem Sternenweg
Ein philosophischer Blick auf das Böse"
r&z Ausgabe 220 – 2019

Weitere Beiträge aus „raum&zeit" finden Sie in einem
zweiten Band in der Essayreihe

PHILOSOPHISCHE PERSPEKTIVEN

mit dem Titel

„Unendlicher lebendiger Raum"

Weitere Schriften von Jochen Kirchhoff finden Sie unter

edition-dionysos.de

Über den Autor

Jochen Kirchhoff, geb. 1944, lebt und arbeitet in Berlin. Er hat in den 1990er und Anfang der 2000er Jahre etwa 150 Vorlesungen zu naturphilosophischen Themen gehalten. Bisher ist nur ein Teil der Vorlesungen als Podcast und Transkript veröffentlicht. Über 400 öffentliche Vorträge zu naturphilosophischen und gesellschaftlich relevanten Themen hat er zudem seit 1980 gehalten. Zahlreiche durchgeführte Seminare u. a. zu geomantischen Themen und zur ganzheitlichen Rezipierung von klassischer Musik rundeten seine Lehrtätigkeit ab. Auf seinem Youtube-Kanal sind desweiteren philosophische Gespräche veröffentlicht, die auch auf zeitgeschichtliche Phänomen aus philosophischer Sicht eingehen. Sein schriftstellerisches Werk umfasst bisher seine naturphilosophische Tetralogie, Arbeiten zur Philosophie der Musik, Monografien, Beiträge in Zeitschriften und Schrifttum zur Bewahrung, Aufarbeitung und schöpferischen Pflege des philosophischen Werkes von Helmut Friedrich Krause. Jochen Kirchhoff ist ausgewiesener Kenner des Werkes von Giordano Bruno, Friedrich Wilhelm Schelling, Novalis, Friedrich Nietzsche, Arthur Schopenhauer und Helmut Friedrich Krause u. v. a. Er beteiligt sich regelmäßig mit Essays und Interviews am gesellschaftlichen Diskurs zu zeitgeschichtlichen Phänomenen und grundlegenden Fragen zur Bewältigung der Bewusstseinskrise der Menschheit aus philosophischer Sicht.

jochenkirchhoff.de